A. Ω.
DE
THEOLOGIA MYSTICA,

DEO feliciter annuente,

In Inclyta Argentoratensium Academia,

PRÆSIDE

DN. JOHANNE JOACHIMO ZENTGRAVIO,

SS. Th. D. & P.P. Ordin. Celeberrimo, Capit. Thom.
Canonico meritissimo, & Ecclesiaste Dignissimo,

Domino Patrono, Promotore ac Præceptore
summopere devenerando,

in SOLENNI Auditorio
respondebit

JOHANNES FRIDERICUS HAUG,
Argentoratensis.

D. *Mens. Octobr.*
Anno Gratiæ M DCC I.
H. L. Q. S.

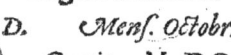

ARGENTORATI,
Typis JOHANNIS FRIDERICI SPOOR.
4.

Q. D. B. V.
DE
MYSTICA THEOLOGIA.

§. I.

E Mystica Theologia, cujus corruptionis hodiernus *Quietismus*, sub fictæ pietatis specie, monstrosum edidit specimen, non idem omnium est judicium, ipsis etiam *Pontificiis* Doctoribus non idem sentientibus. *Videntur enim,* inquit *Sandaus* Theol. Myst. præfat. ad Relig. *gloriari Mystici, quod DEUM amplius ament, quam intelligant. Quod sine actu intellectus voluntate sola DEUM percipiant. Quod intellectu æque ac voluntate, sine ullis tamen actibus elicitis, divina patiantur. Quod fruantur contemplatione pura, sine ulla conversione ad phantasmata. Quod dum absorpti hærent in divina caligine, à DEO agantur: spiritus autem viribus actioneq; sua destituatur: imo moriatur anima, ac propriam formam amittat: & nihilominus DEUM, etiam intuitive, aliquando videant.* Addit vero idem: *Hæc à sapientia abscondita ignaris vel ludibrio habentur, vel ad invidiam exaggerationibus attolluntur.* De *Rusbrochi* etiam, *Harphii*, & aliis, quorum laus inter Mysticos magna fuit, & adhuc apud complures artis hujus, quam sic vocant, Doctores viget, id satis constat; quos ab hæreseos suspicione apud suos non abfuisse, ipse *Sandaus* autor est in Theol. Myst. p. 650. sqq. cui add. *Voëtium* Ascet. p. 77. Ne de certamine novissimo inter Illustrissimos Galliæ Præsules, *Archiepiscopum Cameracensem Francisc. de Salignac Fenelon*, & *Episcopum Meldens. Jacobum Benignum Bossuetum*, quid dicam, quod occasione libri, à Dn. *Cameracensi* scripti, cujus titulus est: *Explication de maximes*

A *des*

des saints &c. certatum fuit, & ad Theologiam Mysticam pertinet; illo in *Instruct. Pastor.* ad Mysticos etiam provocante; hoc vero Mysticos suos vindicante, cum alibi, tum inprimis in l. *de Nov. quæst. tract. 1.* qui inscribitur *Mystici in tuto*; & Adversario *Fanatismum* objiciente in *summ. Doctr. D. Cameract. ArchiEp.* n. 5. atque sic Theologiæ Mysticæ ad Enthusiasmos tendentis, talesque extra DEI verbum, & sine eo jactantis, excessum & abusum recte notante; hujusmodi licet afflatus cœlestes, atque revelationes, in suis Mysticis alii multum admirentur, magnique faciant. Conf. *Francisc. Rous* in Interior. Regn. DEI tract. 1. c. 3. p. m. 13. Parum hinc magnifice de hac *Theologia Mystica*, de qua apud Romano-Catholicos, quod attinet ejusdem dignitatem, sublimitatem & utilitatem, tot elogia extant, sentiunt etiam Reformati Theologi, *Hoornbeck.* in summ. Controv. l. 4. p. 384. *Autor* scripti, cujus titulus est: *Traité historique sur la Theologie mystiq.* art. 13. p. 75. §. 2. Cumque etiam ex nostris nonnunquam extiterint, extentque, qui prætextu Pietatis, & mysticæ cum DEO unionis, Christi etiam Salvatoris nostri, plus justo *Theologiæ* isti *Mysticæ*, quæ vulgo sic dicitur, indulserint, desiderio Dn. *Respondentis,* SS. Theol. Cultoris eximii, satisfacturi, de hoc disciplinæ genere nonnulla notabimus. Faxit DEUS feliciter!

§. II. *Theologia* itaque, quæ *Mystica* audit, dicitur ita ἀπὸ τῇ μύειν, quod significat *occultare,* item *claudere,* ita ut *Sandæo* explicante Theol. Myst. Comment. 1. exerc. 1. p. 2. *Theologia Mystica sit ex vi nominis illa, quæ arcanis constat & mysteriis; quæ secreta continet: & sub literario cortice, sensuum sacramenta.* A *Pseudo-Dionysio* l. de Theol. Myst. c. 1. dicitur *simplicia & absoluta, immutabiliaq, Theologiæ mysteria abstrusa* continere. Præcipit idem suo etiam *Timotheo, videat, ne quis eorum, qui non sunt initiati sacris suæ religionis, istæc audiat.* Hinc à *Christiano Hoburg,* Ecclesiæ in Ducatu Brunsvicensi primo ministro, in Theol. Mystic. præf. sæpius appellatur occulta, die wahre verborgene Theologie, daß, uti loquitur §. 21. der verborgene Grund des Hertzens in der Krafft Gottes von der Selbheit gereiniget, und von dem Liecht Gottes erleuchtiget, invvendig der verborgene Mensch des Hertzens vvieder aus Gott gebohren, mit Gott vereiniget, in Gott lebe, zeitlich und evviglich.

Add.

Add. §. 23. Hanc contradistinguit Præf. 1. §. 5. *der aussern, gemeinen, Wort- und Wind-Theologie*, cujus lumen *falsum lumen* appellat §. 6. quo nomine, seu convitio potius, nostratem Theologiam, qualis in Scholis orthodoxorum etiam docetur, & Fanatismum improbantem, intelligit. Translatam autem denominationem hanc esse à Theologia Gentili ad hunc Theologiæ Asceticæ explicandæ modum, qui Mysticis scriptoribus placet, patet ex illis, quæ *Casaubonus* Exerc. 16. ad Baron. Annal. p. 481. de Gentilium *Mysteriis* exposuit. Dicebantur enim his etiam *Mysteria*, quæ ad morum emendationem, & hominum vitam corrigendam pertinebant, & instituebantur, uti ex scriptis Platonicorum & Pythagoricorum doceri potest. Invenias sane inter hodiernos etiam Pietastros, & Fanaticos, qui, quæ in suis conventiculis privatis tractant & peragunt, tanto studio occultare laborant, ut credere non abs re liceat, ipsa etiam Eleusinia sacra, mysteria Cereris initiorum, nullo magis quam silentio solennia, non plus clam fuisse habita.

Quis Cereris ritus audet vulgare profanis?

dicitur apud *Ovid.* 2. de art. sub fin.

§. III. Patet autem ex dictis, *generaliori* sensu voce *Mystica* uti *Sandæum* l. c. p. 3. cum eodem sensu Theologiam Mysticam dici contendit, quo sensus Scripturæ, qui Mysticus dicitur, sic audit, quod scil. *subsit illi mysterium*, quemadmodum Theologia Mystica mysteriis constare & arcana continere dicitur; *Hoburgum* autem, & alios, Theologiam hanc sic appellare sensu magis determinato, quod circa abdita & occulta versetur. Sic enim Præf. 1. §. 22. loquitur: *Unsere Theologie ist daher eine verborgene Theologie, weil sie nach dem ersten theil das verborgene des Hertzens angreifft, die tieff im hertzen verborgene unart biß auff die wurtzel der Selbheit und Eigenheit entdecket &c. Und darauff im zweyten Theil lehret sie, wie der verborgene mensch des Hertzens müsse inwendig im verborgen, da das reich der finsterniß von Natur, vom Liecht und Geist Gottes je länger je inniger erleuchtet werden : Biß endlich im dritten theil der verborgene Mensch des Hertzens werde mit Gott ein Geist in zeit, bleibe ein Geist in ewigkeit.* Sensum de cæterò *Mysticum* quod attinet, de quo non *Sandæus* tantum, sed etiam *Bellarminus* 3. de V.D. c. 3.

& alii,

& alii, ex nostris autem B. *Glassius* Phil. S. l.2. P.1. tract.II. f.II. p.289. qua cautione contra adversariorum insidias à nobis admitti soleat, explicat B.D. *Daunhavv.* Hermeneut.S. p.26.

§. IV. Cæterum præter hanc modo notatam vocis *Mystica* & *Theologia Mystica* acceptionem, datur adhuc *strictior*, qua significat certum exercitii spiritualis, eumque ultimum potissimum, qui dicitur *via unitiva*, gradum. Hoc sensu de Theologia Mystica egit etiam *Pseudo-Dionysius* l. de Theol.Myst. c.1. quo de introitu *in divinam caliginem*, quam sic vocat, inprimis solicitus est. Unde non abs re doctissimus *Thomasius*, Schediasm. p.m. 57. opinatur, *strictum hunc sensum ex eo obtinuisse, quia Mystica Dionysii Theologia libellus solam exequitur viam unitivam.* Recte hæc observantur. Etsi enim *Pseudo-Dionysius* l.c. c.1. viam etiam *Purgativam & illuminativam* insinuatum eat, Platonismum more suo ut alibi, sic & hic, Christianismo applicans; ex instituto tamen *viam unitivam* cum DEO it explicatum. Hac acceptione quid sit Theologia Mystica, explicans *Carolus Hersentius* in Appar. ad Dionys. Areop. Theol. Myst. p.33. dicit, quod *sit perfecta & exquisita DEI cognitio super omnem aut sensus, aut mentis operationem, supra affirmationem aut negationem, quâ intimâ essentia anima cum essentia DEI unione & conjunctione, cum summa pace, silentio, & ignoratione perficitur.* Hoc sensu de *Mystica* etiam loquitur, &, quid sit, explicat *Sixtus Bergomensis*, Francisc. reform. in Via montan. ad cœl. via L. art.3. p.m.429.sq. Observat vero *Voëtius* in l. de Exercit. Piet. Proleg. q.7. p.7.sq. præter *strictiorem* hanc, atque *latiorem*, modo notatam, adhuc *generaliorem*, eamque etiam receptam *Theologiæ Mysticæ* apud Scriptores Romano-Catholicos acceptionem, qua cum *Theologia Ascetica* coincidit, nec ab ea differt; *dum aliquando Mystica apud illos, per Synecdochen speciei pro genere late accepta, notat omnem Theologiam, & omne scriptum, quod praxin & exercitium pietatis, sive totum & collectim, seu partem aut speciem ejus, ac divisim delineat aut explicat; sive in actu signato, sive exercito, sive utroq.* Patet id ex Catalogo autorum Theologiæ Mysticæ, quem exhibet *Sandaus* in Theol. Myst. p.646. sqq. & Anonym. cujusdam *lettre sur les PRINCIPES, & les CARACTERES des Principaux AUTEURS mystiques, & spirituels des derniers siecles.*

Doctores

Doctores hujus disciplinæ dicuntur *Mystici*: *Rerum spiritualium magistri*: *Contemplativi*: De quo *Autor* l. traité historiq. sur la Theol. Mystiq. p. 3. sq. Ipsa autem doctrina solet à Doctoribus, qui eam tradunt, appellari *Theologia spiritualis, arcana*. Apud *Pseudo-Dionysium* de Myst. Theol. c. 1. audit *divinorum mysteriorum disciplina*. Scriptori *Anonymo*, qui novissime occasione controvers. de Quietismo edidit librum, qui inscribitur: *Le Christianisme Eclairci* &c. in stricturis ad l. cit. *Traité historique sur la Theol. myst.* &c. p. 335. dicitur *la Theologie, qui traite de la mystique*. *Archi Episcopus Cameracensis*, de quo §. 1. vocat *les maximes des saints*. Pythagorici & Platonici Philosophi ut & ipsi suam Theologiam Mysticam habuerunt, sic ea *Hierocli* Com. in Aur. Pythag. p. m. 304. appellatur ἱερατικὴ ἀναγωγὴ, *sacerdotalis disciplina, quæ sursum evehat*; item τέχνη τελεστικὴ, *ars mystica*. p. 310.

§. V. *Totaliter* itaque, & *partialiter*, cum de Mystica Theologia loqui possimus; priori modo considerata, si, quid sit, dici debet, satis constat, non eadem id ab omnibus explicari ratione. Nam alii de *Mystica Theologia actuali*, seu contemplatione mystica; alii de *habituali*, seu habitu Theologiæ Mysticæ loquuntur; alii *inadæquate* ejus naturam exprimunt, à certo effectu, insigniori etiam proprietate & operatione eam describentes, idque haud raro satis obscure, & insufficienter. Si convenienti charactere, & simpliciter *quid sit* hæc Theologia, ad mentem Doctorum ejusdem, notari debet, non abs re dicitur, quòd sit doctrina explicans illam Theologiæ Practicæ partem, atque speciem, quæ triplici, purgativa, illuminativa, & & unitiva via, pias & devotas animas ad intimam & perfectam unionem cum divina essentia ducere prætendit. Rectene an falso, jam non disquiro. Clariora interim hæc sunt, quam *Sandæi* definitio in Theol. Myst. p. 6. cui *Theologia Mystica est notitia contemplativa sapida DEI, ac divinorum*; & respondent disciplinæ *Hugonis de Palma* in Theol. Myst. cujus p. 5. verba hæc sunt: *Oportet ut anima, quæ vult ascendere ad illum altissimum in præsenti, in quo mentes Angelicæ absorbentur in gloria, veluti earum imitatrix, primo purgetur: secundo divinis fulgoribus illuminetur: tertio in summo apice affective constituta ad culmen amoris unitivi*

A 3 *perficia-*

perficiatur; notans in *trivio* hoc *sacro*, triplicem animæ viam ad DEUM. In his totam consistere Theologiam Mysticam *Hugo* citatus notat. Add. *Lettr.* laudat. *sur les Princip.* &c. p.7.sq. Ad mysteria insuper, quæ hic fingunt, & quæ triplici hac via animæ contingere, præter Scripturam multi contendunt, explicanda, magno etiam apparatu insolitorum vocabulorum utuntur, ad Enthusiasmum usque, varias etiam revelationes, visiones, melancholica item deliria, & alia fide parum digna, grassante; licet alii aliis sint moderatiores, nec penitus rejiciendi.

§. VI. Quanquam enim hujusmodi Theologiæ Mysticæ excessum, & varios qui passim dantur abusus, improbemus, infantem tamen cum sordibus ejiciendum esse, ut loquuntur, minime censemus. Male equidem sæpe nostrates audiverunt, ceu contemtores Theologiæ Mysticæ. Innocentes vero sumus, si hæc dica nobis scribitur, ob neglectum & contemtum Theologiæ Mysticæ orthodoxæ, qua veram, quæ non nisi una est, animæ ad DEUM viam ex Scripturis explicatum. Etsi enim hanc Theologiæ Christianæ partem non cum Theologiæ Mysticæ elogio commendarint, commendentque nostrates; ad illam tamen Theologiæ Moralis partem, quæ *Ascetica* dicitur, & de exercitiis pietatis agit, eandem à nostris revocari, atque ex Scripturis, unica & adæquata Theologiæ Mysticæ etiam norma, explicari contendimus. Vid. ex nostris B. *Calovius* in Isagog. ad Theol. l.2. c.5. p.259. sqq. *Hülsmann.* Method. Stud. Theol. p.304. sq. ex Reformatis *Voët.* in Ascet. Proleg. q.1. Ignorantiam itaque suam, si non malitiam, prodidit *Besoldus* in Motiv. transf. ad R.E. p.119. sq. quando Evangelicos ita notavit: Vieler Orten werde von den Lutheranern die *imitatio Christi* für ein Aberglauben gehalten. *De mortificatione carnis & sui ipsius; de meditatione; oratione mentali; contemplatione; elevatione mentis ad DEUM; de casibus & examine conscientiæ; de compunctione cordis, & unione cum DEO per viam purgativam, illuminativam, unitivam,* werde nicht gelehrt/ ja solche termini werden nicht verstanden/ sondern spöttlich verlacht. Sed sufficienter homini maledico os obturavit B. D. *Wagnerus*, Theol. Tubingens. in Censur. contra Besold. c.7. §.3. p.372. sqq. quem vel solius B. *Arndji*, felicissimi post *Lutherum* Theologiæ Mysticæ repurgatoris, libri *de Vero Christianismo* in ruborem dant, quibus doctrina de imitatione Christi, & qua

ratione

ratione Christus in nobis vivere debeat, eximie ad praxin Christianam explicatur. Ne dicam, ipsum *Kempisium* de hoc argumento commendari, caute omnino licet legendum, à nostratibus *Calovio* l.c. p. 260. *Dannhauvero* Theol. Conscient. t. 1. p. 545. Ex Reformatis *Thomam à Kempis*, quem pro autore habet libel. de Imitat. Christ. laudavit etiam *Voëtius* l.c. p. 8. penitus licet non probante *Maresio* de quo D. *Colberg.* in Platonisch Christenthums P. 1. c. 1. p. 82. sqq. Falsum præterea & hoc est, quod apud Evangelicos *de unione cum DEO per viam purgativam, illuminativam, & unitivam nil doceatur*; & quod *hujus generis termini* à Lutheranis *non intelligantur*, sed potius non absque sibilo *derideantur*. In Dissertationibus, enim quas nuper de *Novo homine, ejusq, renovatione & induitione* habuimus, aliud ex Theologis nostratibus fuit ostensum. Docuimus etiam in Diss. III. de Induit. nov. hom. §. 12. quomodo expurgato Gentilismo triplex ista via, & doctrina de *Unione cum DEO per viam purgativam, illuminativam, unitivam,* convenienter scripturæ explicari possit, & à nostris explicetur; licet nec nomine Theologiæ Mysticæ, nec terminis, quibus isti Theologi, qui Mystici audiunt, delectantur, utantur. Ista enim mysteria, quæ à Mysticis jactantur, non solum nondum sunt probata, & rectius magna ex parte Enthusiasmum, quam veram Theologiam, inferre sæpe dicuntur. Termini etiam hujus artis, technici licet sint, sicut & Scholastici suis utuntur terminis, quia tamen ab ὑποτυπώσει τ῀ ὑγιαινόντων λόγων abeunt, aptique sunt ad Fanatismum occultandum, & nomine Theologiæ Mysticæ, & terminis huic doctrinæ propriis, re ipsa, quatenus in Scripturis sacris continetur, præter & ultra quam hic sapere non licet, contenti nostrates abstinent, & abstinere malunt, imo debent.

§. VII. Et quæ nos adstringet necessitas ad Platonismum Christianæ disciplinæ *Pseudo-Dionysii* exemplo applicandum? In qua, quod attinet hoc disciplinæ Mysticæ scil. genus, Philosophiæ Platonicæ, inconvenienter ad pietatis exercitia passim applicatæ, abusus manifestus est, antiquissimis jam temporibus introductus. Etsi enim certum sit, in Veteri & N. T. à Prophetis & Apostolis, ipso etiam Salvatore Christo, traditam legi doctrinam de Unione Mystica DEI, Christi etiam atque fidelium,

purgatione

purgatione item, atq; illuminatione mentium nostrarum; constetque insuper, Theologos orthodoxos ex Scripturis sacris, adæquato & unico Theologiæ Mysticæ principio, ut dictum, gratiam Spiritus Sancti Evangelicam, meritis Christi partam, in Unitivam, illuminatricem, sanctificatricem, atque regeneratricem distinguere, de quo *Dannhavv.* Hodos. Phœn, IX. p. 563. sq. p. 924. 938. 946. 952. sqq. simul tamen addimus, in sequentibus temporibus Scripturæ simplicitatem, & simplicem Theologiam Mysticam, si hanc appellandi formulam usurpare velimus, multiplici abusu Philosophiæ Platonicæ; cui Patres multi plus justo, imprudenterque interdum in dogmatibus religionis Christianæ explicandis aperte indulserunt; & additamento corrumpente, varium & puritatis suæ & simplicitatis accepisse detrimentum, atque magis magisque in multis, Fanatismo, & Enthusiasmo accessisse: Qui Theologiæ Mysticæ excessus, & abusus, merito notatur.

§. IIX. Cæterum quod assumentum hoc Pythagoricum & Platonicum attinet, quo illa pars Theologiæ, quæ de praxi fidei & bonorum operum præprimis solicita est, atq; in sequentibus temporibus Theologia Mystica dici cœpit, à nativa simplicitate defecit, nimius hujus Philosophiæ amor jam ante *Pseudo-Dionysium* in *Justino Martyre* apparuit. In Apol. enim I. f. m. 51. expresse negat, ἀλλότρια εἶναι τὰ Πλάτωνος διδάγματα ᾧ Χριςῦ, *alienas esse à Christo Platonis doctrinas.* Hujus, ut & *Pythagoræ* placitis, discipulus ejus *Tatianus* abusus est, ad fœdum quendam, & Ecclesiæ molestum *Pietismum* excogitandum. Questus hinc est *Tertullianus* in l. de Præscr. c. 7. f. m. 98. de illis, qui *Platonicum Christianismum protulerunt.* Cum enim prisci crediderint, *Justinus Martyr* etiam Cohort. ad Græc. f. 28. sqq. Apol. II. f. m. 81. 92. *Clemens Alexandrinus* Pædag. l. 2. c. 1. 1. Strom. f. 315. & alii, ex Mose Platonem multa hausisse, idque asseruerint etiam, ita ut à *Clemente* 1. Strom. f. 274. ὁ ἐκ Ἑβραίων φιλόσοφος, *ex Ebræis Philosophus,* fuerit appellatus; in Platone quoque inventa, ceu ab Ebræa Philosophia provenientia, vid. *Clem.* 5. Strom. f. 558. l. 6. Stromat. f. 629. ad religionem Christianam applicare, & hanc illis accommodare, hoc est, Platonismum cum Christianismo commiscere, & confundere non dubitarunt.

runt. Fecerunt hoc cum eruditionis oſtendendæ gratia, ad amoliendam à ſe à Gentilibus objectam ignorantiam;-tum ut religionem Chriſtianam iiſdem probabilem redderent. Queſtus eſt de hac ad Gentilium & Philoſophicorum decretorum ſimilitudinem temperanda Chriſtiana fidei ratione doctiſſimus Jeſuita *Petavius*, iniquior licet ſæpe in noſtros, Præfat. t. II. Theol. Dog. c. 3. Verba vero prolixiora ſunt, quam ut producantur. Formulas hinc à *Platone* petierunt, *Pythagoræ* etiam uſitatas, qui & ipſe τὰ πλεῖστα, καὶ τὰ φυσικὰ πᾶσα τ̃ δογμάτων ἐν βαρβάροις, *plurima, eaq; præſtantiſſima dogmata apud Barbaros* didiciſſe dicitur eidem *Alexandrino* Doctori 1. Stromat. f. 303. ad explicanda dogmata religionis Chriſtianæ; quæ, quod eadem cum Platonis Philoſophia eſſe crederent, ejuſdem etiam aſſertis iſta exornatum ibant, annuente *Clemente* 1. Strom. f. 278. Conf. etiam *Auguſtin*. t. I. opp. de Verit. relig. c. 4. f. 704. docentem, *Platonicos paucis mutatis verbis atque ſententiis Chriſtianos factos,* & proinde non multum abeſſe à Chriſtianis.

§. IX. Eidem *Clementi Alexandrino* à nonnullis id vitio vertitur, quod inter primos Theologiæ Myſticæ autores fuerit, qua aſſumento ſc. Platonico hæc miſceri, eidemque ſimplicitas doctrinæ Chriſtianæ, Aſceticæ etiam, involvi, certe ad Platonicorum decretorum ſimilitudinem, ut *Petavium* recte ſentientem audivimus, temperari cœpit. Memorat etiam *Euſeb*. H. E. l. 6. c. 13. quod ἅπασι *omnibus*, quæ tradidit, καταμίγνυσε κ̀ τὰ Φιλοσόφων δόγματα, *Philoſophorum quoque opiniones intermiſceat*. Hujus facti rationem ipſe dedit 1. Strom. f. 277. ſqq. ἐξίξει, inquiens inter alia, οἱ στρωματεῖς ἀναμεμιγμένην τὴν ἀλήθειαν τοῖς Φιλοσοφίας δόγμασιν· μᾶλλον ᾗ ἐγκεκαλυμμένην κ̀ ἐπικεκρυμμένην, καθάπερ τῳ λεπύρῳ τὸ ἐδώδιμον τ̃ καρύς, *continebunt hi libri qui dicuntur ſtromateis admixtum veritatem Philoſophiæ decretis; vel potius coopertam & abſconſam, ſicut teſta aperitur id, quod eſt in nuce eſculentum.* Quod fidei ſemina, ἀληθείας σπέρματα, ſolis conveniat ſervari τ̃ πίστεως γεωργοῖς, *fidei agricolis*. Tribuit etiam Philoſophiæ ib. f. 282. quod προπαιδεύαζει, προοδοποιεῖσθαι τ̃ ὑπὸ Χριστῦ τελειουμένων, *præparet, ei viam muniens, qui à Chriſto perficitur*. Ne dicam, paſſim in l. 5. Stromat. non ſolum *Contemplationis*, qualis etiam à Myſticis hodiernis deſcribitur, ſed etiam triplicis illius viæ, quam Theologia

B

gia Myſtica hodie tanto verborum apparatu explicat, fieri mentionem. Nec dubito, quin Myſtici contemplativi, ceu p̃ ſe dicta, allegaturi ſint verba *Clementis* Strom. l. 6. f. 551. ubi ea legerint, cum χρὴ ἐξοικειῶδζ, inquit, ἡμᾶς Θεῷ, δἰ ἀγάπης τ̃ Θείας ἵνα δὴ τὸ ὅμοιον τῷ ὁμοίῳ θεωρῶμῃ, καταχέοντες τῇ λόγῳ τ̃ ἀληθείας ἀδόλως κỳ καθαρῶς, δίκίω τ̃ πειθομϑμων ἡμῖν παίδων, *oportet nos DEO effici conjunctos ac familiares per divinam dilectionem, ut ſimili contemplemur ſimile, pure & citra fraudem verbum (quo ſit illuminatio) audientes veritatis, inſtar puerorum, qui nobis obediunt.* Non minus iidem contendent, *triplicem animæ viam* tradere verba ejuſdem, quando Strom. 5. f. 553. Φρόνιμοι, inquit, ψυχαὶ καθαραὶ ὡς παρθένοι, συνιεῖσαι σφᾶς ἀυτὰς ἐν ἀγνοίᾳ καθεςώσας κοσμικῇ, τὸ φῶς ἀνάπῆσι, κỳ τ̃ νῦν ἐγείρωσι, κỳ φωῄζωσι τὸ σκότ۞, κỳ τίω ἄγνοιαν ἐξελαύνωσι, κỳ ζητῶσι τίω ἀλήθειαν, κỳ τ̃ διδασκάλε τίω ἐπιφάνειαν ἀναμϑύωσι, *prudentes animæ mundæ ut virgines, cum intelligant ſe eſſe ſitas in mundana inſcitia, lumen accendunt, & mentem excitant, tenebras illuminant, & ignorationem expellunt, & quærunt veritatem, & expectant adventum præceptoris.* L. 4. Strom. f. 534. monet, contemplativum διὰ τ̃ ἰδίας εἰλικρινοῦς καθάρσεως ἐποπῆσειν τ̃ Θεόν, *per ſuam ſinceram purgationem DEUM contemplari.*

§. X. Etſi vero hæc etiam ceu recte dicta accipi, & explicari poſſint, collata tamen cum reliquis viri hypotheſibus, quas de Gnoſtico ſuo fovet, de ἀπαθείας ejuſdem, *ortæ ex conjunctione cum DEO, qui nullis paſſionibus obnoxius eſt, per charitatem;* item quod *ex cognitione diligens,* γνωστικῶς ἀγαπῶν, *in uno immutabili habitu maneat,* l. 6. Strom. f. 650. ſq. Ἀδώατον γδ, inquit f. 651. τ̃ ἅπαξ τελειωθένται δἰ ἀγάπης, κỳ τίω ἀπλήρωτον τ̃ θεωρίας ἐυφροσύνίω ἀιδίως κỳ ἀκορέσως ἑςιωμϑύων, ὅτι τοῖς μικροῖς, κỳ χαμαιζήλοις ὑπέρπεσχς, *fieri non poteſt, ut qui ſemel jam eſt conſummatus per charitatem, & inexplebilem contemplationis delectationem æterne & inſatiabiliter percipit, eaq; fruitur, parvis & humilibus quibuſdam & abjectis delectetur.* Et quod ſic *affectibus omnibus exemtus in divinam quandam naturam tranſeat,* θεόμϑνο۞, *deificatus,* l. 4. Strom. f. 535. ſqq. Item de ἀναμαρτησίας ſtudio, ceu in hac vita obtentu poſſibilis, 6. Strom. f. 665. *De perpetuis Gnoſtici precibus mentalibus, ex quo per charitatem DEO familiaris factus eſt:* Ἔυχεται τοίνυν ὁ Γνωςικὸς, κỳ κỳ τίω ἔννοιαν πᾶσαν τίω ὥραν δἰ ἀγάπης

ἀγάπης οἰκειόμενος τῷ Θεῷ, 6. Strom. f. c. Add. 7. Strom. f. 722. Hæc, inquam, & similia inter se collata, manifeste docent, Platonizantem *Clementem* in multis semina disciplinæ dispersisse, quæ in sequentibus temporibus Mystici ulterius, sæpe etiam contra autoris mentem, extenderunt, & suis speculationibus præter & contra Scripturam indulgentes, novis additamentis auxerunt, repurgatum introducturi Platonismum.

§. XI. Fecit id inprimis *Autor*, qui in seculo, ut non abs re videtur, quarto, sub *Dionysii Areopagitæ* nomine orbi Christiano imponere voluit. *Halloixij* enim & *Chaumontij* asserta tanti nobis nondum videntur, ut aliter statuamus. Theologiam Mysticam hic primus scripsit, aperte Christianismum cum Platonismo, & hunc cum illo miscens, certe eundem ad Platonis mentem accommodans, & ad Platonicorum decretorum similitudinem temperans. Scriptorem hunc si quis legerit, & cum *Porphyrij, Jamblichi, Plotini, Hieroclis*, & similium scriptis contulerit, cognoscet, quod illis contemporaneus, aut ab iisdem non multum remotus, illorum etiam vitulo araverit, τῇ Πλάτωνος διακεκαθαρμένῃ Φιλοσοφίᾳ, *purgatæ Platonis Philosophiæ addictus*, ut loquitur Hierocl. in l. 7. de Prov. & Fat. apud Phot. in Biblioth. Cod. 214. f. m. 283. Phædrum *Platonis* sane à crassis erroribus repurgatum ivisse *Dionysiastram*, dicto libro; & quæ sit vera ratio *divinæ caliginis*, ὁ θεῖος γνόφος, quæ *Platonem* latuit; quove pacto item Moses eandem intraverit; & quæ sit vera ratio εἰς τὸ γνόφον τῆς ἀγνωσίας εἰσδύειν τὸ ὄντως μυστικόν, *in vere mysticam ignorationis caliginem irrepend*i, ut loquitur c. 1. Theol. Myst. add. Ep. 5. ad Doroth. docere voluisse; in quo explicando *Plato* penitus aberravit, licet de anima *reflexione εἰς τὸ ὄντως ὄν, ad id quod vere est, sursum facta, & mentis acie in DEUM summa attentione erecta*, passim garriret, in Phædr. f. m. 346. sq. non dubitamus. Scopum certe eundem cum illo habuit, unionem nimirum cum DEO, etsi melius, explicandi. *Hierocles* in Comment. in aur. Pythag. p. 308. cum ᾗ πρακτικῆς, ejus quod *in actione consistit*, duas fecisset species, civile & mysticum, sive, uti loquitur, πολιτικὸν & τελεστικόν; hoc describit, quod sit διὰ τῆς ἱερῶν μεθόδων ταῖς ὑλικαῖς φαντασίας ἀποτέμνον, *sacris artibus terrenas cogitationes amputans*. Μέθοδοι ἱεραί, *sanctæ artes* hujusmodi sunt via illa *purgativa*, sive καθαρμοί & καθάρσια

Pytha-

Pythagoreorum, de quibus etiam *Hierocles* l.c. p.296.fqq. *Porphyr.* fentent. P.II. c.34. ad quas *Introverfio* pertinet, de qua rurfus *Porphyrius* in fentent. ab *Aloyfio Lolino* ferratis c.42. *Illuminativa* item, & *Unitiva via*, de quibus *Jamblich*. in Protrept. quatenus non à *Pythagora* & *Platone* tantum, illifque qui horum virorum difciplinam fecuti funt, fed etiam à Theologis Myfticis, Theologiæ ifti Platonicæ plus jufto addictis, tam olim, quam hodie, explicatæ funt, & adhuc à Theologia Myftica, non repurgata præprimis, explicantur, præter & contra Scripturam facram, cum qua, quod attinet vias divinæ cognitionis, & cum DEO unionis, unice ftatuendum. Analoga difciplinæ huic Pythagoricæ funt quæ habet *Dionyfii*, uti audit, Theol. Myftica, quam, ex Scripturis licet, ut ajunt à Pythagora defumtam, qua tamen Gentilis potius eft, quam ex facris literis petita, & à Pythagora & Pythagoricis potius interpolata, quam recte retenta, ifte *Pfeudonymus* fequitur. Parallelus enim plus jufto difciplinæ fupra expofitæ eft locus ejus, qui legitur in Theol. Myft. c. 1. quando ad fuum Timotheum ita fcripfit: *Tu autem Timothee, pro maxima Myfticorum fpectaculorum exercitatione, qua vales, prætermitte & fenfus & mentis actiones, eaq, omnia, qua & fub fenfum cadunt, & animo cernuntur, & qua non funt, & qua funt omnia, teq, ad ejus, quod omnem fcientiam fuperat, conjunctionem, & unitatem pro parte virili ignorando excita.* Introverfionis autem hujus effectum ulterius explicans, ita pergit: *Libero enim folutoq,, ac liquido à te ab omnibus difceffu ad divinarum tenebrarum radium, qui omni effentia fuperior eft, contendes, cum & omnia demferis, & omnibus folutus fueris ac liber.*

§. XII. Explicationem hujus doctrinæ facilem fubminiftrant rurfus Pythagorei, etiam fine Scripturis. Sic enim *Porphyrius* P.II. fentent. feu τ̃ περὶ τὰ νοητὰ ἀφορμῶν, c.34. οἱ, inquit, ὃ περὶ θεωρίαν προηγμένοι ἐν δικαίοι κείντυ τ̃ ἐντεῦθεν διὸ ἠ καθάρσεις αὐτεῖ λέγονται, ἐν ἀποχῆ θεωρεῖσθαι, τ̃ μ̃ σωμαλ⸗ πράξεων, ἠ συμπαθῶν τ̃ πρὸς αὐτό. Αὕτη μ̃ ἐ τ̃ ψυχῆς ἀφιςαμένης πρὸς τὸ ὄνλως ὄν, *virtutes hominis ad contemplationem contendentis*; qui eft Theologiæ Myfticæ, de cujus abufibus agimus, finis inordinate intentus; *confiftunt in abfceffu ab inferioribus: ideo & purgationes eadem appellantur, qua in abftinentia ab actioni-*

actionibus, quæ corporis ministerio fiunt, & ab affectionibus erga corpus spectantur. Hæ enim virtutes sunt animæ ad verum Ens se elevantis. Τȣ̃τȣ, hinc ait *Hierocles* Com. in Aur. Pythag. p. 309. ἡ Πυθαγορικῆς ἀγωγῆς τὸ πέρας, ὅλȣς δι᾽ ὅλων ὑποπτέρȣς γυέωθαι πρὸς τὴν τῶν Θείων ἀγαθῶν μετάληψιν, ἵν᾽ ὅταν ὁ τȣ̃ θανάτȣ καιρὸς ἐκϛῆ, καταλιπόντες ἐπὶ γῆς τὸ θνητὸν σῶμα, καὶ τὴν τȣ́τȣ φύσιν ἀποδυσάμενοι, πρὸς τὴν ὀρανίαν πορείαν ὦσιν εὔζωνοι οἱ τῆς Φιλοσοφίας ἀγώνων ἀθληταὶ, hic finis est Pythagoricæ disciplinæ, *ut toti penitus alati fiamus ad bonorum divinorum perceptionem, ut cum mortis tempus instabit, relicto in terra mortali corpore, ejusq́, natura* (per purgationes scilicet) *exuta, ad cœleste iter expeditiores fiant philosophicorum certaminum athletæ.* Applicarunt hæc in sequentibus temporibus Mystici ex Christianis veteres ad suam Theologiam, quam isti doctrinæ attemperatum ibant, detrahentes Mysticæ Gentilium disciplinæ, & rursus addentes ex Christiana, quæ videbantur. Similiter quæ ex solis Scripturis explicari debebant, ibi Græcorum dicta, & plagia sacra corrupta, male & infeliciter etiam correcta, doctrinæ Christianæ accommodabant. Ex recentioribus etiam Mysticis, quomodo *Hoburg.* in Theol. Myst. aperte, quasi cum *Porphyrio & Platone* potius, quam sanctis DEI viris loqui maluisset, applicarit *Platonicam*, & *Pythagoricam* hanc doctrinam, vid. l. c. P. I. c. 4. p. 38. c. 7. p. 95. De quo etiam infra. Scopus sane disciplinæ Pythagoricæ modo explicatus, hujusque vestigia, satis manifeste deprehenduntur in *Dionysii* hujus *ascensu in divinam caliginem, quo mens uniatur, & conjungatur cum eo, qui verbis exprimi non potest,* ceu loquitur Theol. Myst. c. 3. ut non abs re dicatur, sicut per abusum & commixtionem Philosophiæ Aristotelicæ exorta est Theologia Scholastica, ita per abusum doctrinæ Platonicæ, cujus lineæ manifeste in Mysticorum, quos sic vocant, scriptis se exerunt, natum esse abusum Theologiæ Mysticæ; ejus autoribus, Monachis inprimis, contemplationibus suis plus justo, scripturarum ductu deficiente, indulgendo, ad enthusiasmos usque, Platoni in *Phædro* f. 343. 347. notatos, & *Marsilio Ficino* explicatos in Conviv. Plat. Orat. VII. c. 14. modum excedentibus. Conf. etiam B. *Jac. ob. Thomas.* Schedias. hist. p. m. 54. sqq. qui prolixius explicat ulteriores quos habuit, per *Johannem Erigenam*

B 3

nam Scotum potissimum, Theologia Mystica progressus, apud Latinos inprimis, à Monachis, qui contemplationibus, & piis etiam meditationibus, licet interdum male sanis, ultra scripturarum ductum, dediti fuerant, in deliciis habita, ob vitam solitariam, & hinc pauciora exercitiorum pietatis, DEUMque diligendi data impedimenta; quodque suum statum plus conferre, & ad finem ultimum, perfectiorem DEI dilectionem, accommodatiorem esse, sibi & aliis persuasum irent, contra verba DEI, Es. 1, 12. Matth. 15, 9. De quo etiam B. D. *Hulsem.* Man. Aug. Confess. disp. 14. §. 6. sqq.

§. XIII. Exculta in claustris fuit hæc Theologia Mystica illis abusuum & errorum accessionibus, quas in suis autoribus etiam multi ex Rom. Catholicis improbarunt. De *Johanne Rusbrochio* sane, tam olim quam hodie viro inter Mysticos magni æstimato, vid. *Lettr. sur les Principes & les caract. des princ. auteurs mystiq.* p. 13. non dubitavit *Sandæus* in Theol. Myst. p. 650. hoc ferre judicium, quod *formulas habeat loquendi duras, non usitatas, periculosas, & nisi commoda interpretatione mitigentur, erroris indices;* ita *ut Johannes Gerson illum insimulaverit hæreseos in Almarico condemnata.* Licet vero alii aliter sentiant, & novissime etiam *Autor* literarum *sur les princip.* &c. nolim tamen, inquit *Sandæus* rursus l. c. p. 651. ejus scripta *verset tyro, nec quilibet è turba ascetarum. Illorum lectio requirit virum in spiritualibus exercitatum, prudentem* &c. Nec dissentit *Meldensis Episcopus Illustrissimus, Jacobus Benign. Bossuet.* quando in Instruct. sur les Estats d'Orais. l. 1. §. 1. questus de *sermone & exaggerationibus Autorum Mysticorum, jam ab aliquot seculis usurpatis,* de expressionibus etiam, quibus hic *Rusbrochius* utitur, non magnifice sentit; quas tandem tamen *forsan, peutestre à quelque sens supportable reduci posse,* non negare vult; referens eundem cum *Harphio, Taulero,* l. c. §. 3. p. 4. illorum scriptorum numero, quorum *autoritas est fort petite, pour ne pas dire nulle, dans l'école.* In §. seqq. tribuit his scriptoribus *expressiones exorbitantes; propositiones & exaggerationis insuetas, & vanas speculationes.* Unde in disputatione de oratione mentali, ac devotione, perpendens verba *Tauleri,* cujus ossa in nostro Collegio Academico quiescunt, *Franciscus Suarez.* t. II. opp. l. 2. de Orat. ment. c. 12. n. 17. f. 108. negat, quod *Scholastica subtilitate, sed mystica*

mystica phrasi loquatur, & quod ideo in ejus verbis non possit magnum fieri fundamentum, etiamsi ejus autoritati deferre velimus. Quid ergo mirum, si nos jactantiæ horum hominum minus adhuc deferimus, non improbantes, ab aliis tam frequentes raptus, & hujusmodi ecstases, quas suos Contemplativos passos ajunt, rectius, donec contrarium probetur, pro deliriis fanaticis, & illusionibus melancholicis haberi; qui ad Fanatismum certe viam sternunt. Superassent etenim, & superarent hodie ipsos Apostolos, charismate tali extraordinario si qui præditi superioribus seculis fuissent, & adhuc se præditos esse fingunt. Sane quod, quæ de Contemplatione Mystica disputantur, hodie etiam asserti Fanatismi suspectos facere dici queant scriptores, nuperum in Gallia Quietisticum certamen docuit, quo doctissimi Præsules Dn. *Cameracensis*. & Dn. *Meldensis*, Fanatismum sibi invicem circa Mysticorum disciplinæ explicationem objecerunt. Vid. hujus de nov. quæst. tr. 1. qui inscribitur Myst. in tut. P.I. a.1. c.18. p.29. & P.I. a.3. c.1. p.73. Recte etiam Illustrissimus *Bossuetus* tr. cit. P.I. a.3. c.1. p.73. urget, quod in Contemplatione Mystica, quando *ab amore mixto ad amorem purum fit transitus,* non satis sit *DEI instinctui soli rem permittere,* atque sinere DEUM agere: *cum & hic valeat illud: quomodo audient sine prædicante?* Et quod illud statuere *Fanatismus* sit. Add. ejusd. *Prefac. sur l'instruct. Pastoral. donné a Cambr.* n.60. p.68. quæ habetur in *Diverss. ecris. sur le livr. intitul. Explicat. des Maxim. des saints &c.* Quietism. rediviv. sect. 6. c. 5. p. 412. sqq. quo etiam, qui *Fanatici* dici debeant, explicat. In eodem excessu nudarum speculationum, quæ petitiones principii involvunt, etiam *Sanctum* in Theol. Mystic. versari affirmamus; licet formulas, quæ *amatoriæ* sunt, *pia interpretatione* mitigandas esse, passim contendat: Id quod etiam de aliis recte dicitur, qui altius in hac vita contendere volunt, quam vel promissum est, vel in via hujus vitæ ducit Scripturæ lux, præter quam nulla datur, nisi Fanatismis & Enthusiasmis quis decipi velit. Certe quæ *Paulo Zucchia* in qq. Medico-Legal. l.2. tit. 1. de Melancholicis, attonitis, catalepticis, ecstaticis, fanaticis &c. illorumque illusionibus disputantur, ita comparata sunt, ut respondeant interdū illis, quæ præter Scripturas sæpius de *silentio animæ,*

animæ, suspensione mystica, quiete passiva, morte sensuum, & omnium affectuum, ecstasi, justitio rationis &c. Mystices scriptores tradiderunt; Spirituales etiam se sensisse, ad suam provocantes experientiam, testati sunt: Quæ tutius &'melius tales, pii etiam, sibi sciunt, si de talibus persuasi sunt, quam aliis persuasum eunt. Conf. quæ ex *Philipp. Roven. Clandestin.* Ultraject. Episcop. de hujusmodi abusibus exhibet *Voët.* de Exercit. Piet. c. 3. p. 88. Licet interim non negemus, fuisse alios aliis moderatiores scribendo, loquendo, amatoriam DEI contemplationem præ se ferendo, & alia mystica fingendo; de quo plura habet *Autor* literarum *sur les principes & les Caracter. des principaux Auteurs Mystiq.* Omnes enim Enthusiastas fuisse, in forma scil. & intentione tales, ego non asseruerim; recte etiam negat *Voët.* l. c. p. 77. q. 20. Piæ quippe, & ex scripturis sacris, iisdemque conformes, institutæ de rebus divinis & sacris meditationes, quæ ad fidei exercitia pertinent, unionemque DEI & fidelium Mysticam conservant, sensumque divini amoris & gratiæ in nobis augent, ea cordis fiducia & certitudine, ut dicere possimus: *Scio cui credidi,* 2. Tim. 1. non sunt Enthusiasmus; nec qui talia exercent, commendant, sunt pro Fanaticis habendi. Nec ego *Kempisium, Taulerum*; quicquid sit de nævis illorum, tempori quo vixerunt imputandis; pro Fanaticis & Enthusiastis habuerim; uti nec *Böhmium, Weigelium,* & alios, liberos à Fanatismo & Platonismo pronunciaverim; *Autor* licet literarum *de scriptoribus mysticis* sæpius productus n. 42. p. 51. *Böhmium* hunc, si revelationes ipsi factas spectes, omnibus Mysticis præferre non dubitaverit. *Celuy-ci,* inquit, *est le seul, au moins dont on ait eu les ecrits jusqu'à lui, auquel Dieu ait decouvert le fond de la nature, tant des choses spirituelles que des corporelles.* Cui etiam tribuit *une penetration toute centrale des choses Theologiques & surnaturelles.* Certe, qui *Böhmii* hujus Hochtheure psort von Göttlicher Beschaulichkeit legerit; non inficias ibit, contemplationem *Platonico Fanaticam*, non sine sanctissimi DEI nominis profanatione, ab homine hoc commendari, & ænigmatice ad imitationem *Valentini* declarari.

§. XIV. Cæterum ne *Böhmium, Hoburgum, Weigelium, Molinosum, Malavallum; Sandaum* item, *Franciscum Salesium, Johannem*

nem à Cruce, *Harphium*, *Rusbrochium*, *Teresiam* &c. imperite nos confundere quis objiciat, quod inter Catholicos & hæreticos nullum agnoscatur discrimen; distinguimus *primo* inter Mysticos ipsos, & illos, è quibus hi egressi sunt. Inter Mysticos referendos esse scriptores modo dictos affirmamus: Alios interim Romanæ Ecclesiæ addictos fuisse; alios è nostratibus, ex Reformatis etiam, per Enthusiasmum egressos non negamus. *Böhmium* enim, *Hoburgium*, *Weigelium*, & similes, cum Mysticos appellamus, illos Pontificios fuisse non asserimus. Hos concedimus è nostris egressos esse, sicut ulcus ex corpore sc. 1. Joh. 2, 19. B. *Dannhavv*. Antich. f. 1. art. 5. §. 34. p. 157. Sciunt & Reformati ex suis, ne de novissimis *Horchÿ* deliriis Fanaticis quid dicam, ejusmodi Pseudo-Mysticos enarrare, qui ad nescio quam Deificationem Enthusiasticam contendentes, talemque cum insigni hypocrisi charitatis præ se ferentes, & urgentes, multis pietatem sine fide, ex qua unice ista nascitur, æstimantibus imposuerunt. Conf. *Hoornbeck* summ. Controv. l. 6. Mysticis autem accensendos esse qui hujusmodi unionem cum DEO Fanaticam, & Deificationem fingunt, uti *Böhmium*, *Weigelium*, & alios facere constat, ex Mysticorum Magistri *Pseudo-Dionysii* Theolog. Myst. l. doceri potest; ad quem etiam, & alios Mysticos, in Romana Ecclesia claros, provocare solent, imo & commendare eosdem. *Libertini hodierni*, inquit *Voëtius* de Exerc. Piet. c. 3. p. 81. *tanti fecerunt Mysticorum quorundam (nominatim Tauleri) libros, ut hinc ab orthodoxis in suspicionem Libertinismi vocati sint. Quin imo monstrosissimus omnium Enthusiasta Henricus Nicolai, non veritus fuit eximium libellum Thomæ à Kempis de imitatione Christi, pro libitu mutatum vernacula lingua evulgare.* Add. *Colbergÿ* Platonisch Christenthums P. I. c. 1. §. 16. p. 75. sq. *Lettr. sur les princip. & caracteres des princip. Auteurs Mystiq. & Spir.* cujus Autor Mysticorum scriptorum Catalogo non *Taulerum*, *Harphium*, *Johannem de Cruce* tantum, sed & *Hielem*, *Böhmium*, *Weigelium*; non *Theresiam*, *Catharinam de Siena*, & *de Genua* tantum, sed & *Antoniam Burignoniam*, novissimam Fanaticam an. 1680. defunctam, inserit.

§. XV. Deinde dicimus, aliud esse loqui de *Theologia Mystica* ipsa, aliud de ejusdem *abusu* & *excessu*. Ipsam Theologiam Mysti-

Mysticam quod attinet, supra jam diximus, infantem cum sordibus non esse ejiciendum; & illam partem doctrinæ Theologicæ, quæ de exercitiis pietatis & veri Christianismi agit, quicquid sit de nomine quo appellatur, res modo sana sit, per se non esse pro Fanatica habendam, vel ex Scholis Orthodoxorum eliminandam, nisi & genuini Christianismi praxin, omnia exercitia veræ pietatis, curam retinendæ μονῆς, & unionis Christi, imo SS. Trinitatis, in nobis gratiose inhabitantis, Joh. 14,23. 1. Cor. 6,19. c. 3,16. c. 6,15. 2. Cor. 6,16. Eph. 3,17. studium denique bonorum Operum, ex Christiani hominis vita, qui digne vivere vult Evangelio Christi, profligare velimus. Utile enim, imo & necessarium est, ut, quemadmodum singulari tractandi ratione solicite articuli fidei explicantur à Theologis, ut perspicue & solide ex scripturis doceatur, quid credendū, quo audientes Christiani contra Indifferentismum, Neutralismum, Syncretismum & Eclogismum, quin & Naturalismum, hodie proh dolor grassantia monstra muniantur; ita & non minus solicite ex scripturis, iisque solis, non incertis aliorum experimentis, (quæ si quis certo se habere credit, sibi reservare, nec coram aliis urgere debet) *articuli pietatis*, uti B. D. N. col. Huñ? de fundam. dissens. §. 54. appellantur, ejusque exercitia, quæ scil. vere talia sunt, ex articulis & doctrina fidei, quomodo sc. ex eadem sequantur, recte etiam institui debeant, exponendi & tradendi sunt. Nam non minus hic, quam ibi bono indigemus doctore. Eximie B. *Dannhavver.* Hod. p. 19. *Non sibi*, inquit, *suisq; musis cauit Theologia, sed ultimo tota est practica & actuosa, tametsi quædam incidant jucunde contemplabilia, semper tamen ex intentione Spiritus Sancti ad praxin referenda.* πρὸς διάθεσιν, 1. Tim. 3. Ex sublimissimis hinc fidei articulis Patres olim pie vivendi modū ostenderunt, rationesq; petierunt, quibus veram pietatem demonstrarent, & ad illam sectandam Christianos impellerent, iisdemq; persuaderent. Sic enim virtutes Christianas urgere debemus, ut non insuper habeatur mysteriorum articulorum fidei cognitio. Hoc si fit, *Practica*, in *specie* sc. sic dicta, seu *Ascetica* Theologia vere audit *Mystica*. Specimen vero, qua ratione hoc modo Patres argumenta ad veram pietatem impellentia derivarint, dedit B. D. *Bebelius* in Antiq. Ecclef. Sec. III. p. 777. sq. Perinde etiam nobis videtur,
si quæ

ii, quæ ad doctrinam moralem, παιδείαν, ἐπανόρθωσιν, consolationem, fidem, spem & charitatem pertinent, ita docentur, ut statim subjiciantur expositioni dogmaticæ certi capitis, & articuli doctrinæ fidei Christianæ, quod non incommode fit; vel ut articuli fidei Christianæ quoad veritatem & doctrinam peculiariter & seorsim, sub *Theologia dogmatica*, vel alio nomine; praxis autem Christiana, & exercitia pietatis, quæ ex mysteriis religionis nostræ, & doctrina articulorum fidei fluunt, itidem separatim extra corpus doctrinæ articulorum fidei, sive sub Theologiæ *Practica*, in *specie & stricte* sic dictæ, sive sub *Ascetica*, sive *Theologia Mystica* nomine id fiat, cum id non nisi peculiarem tractandi modum, non peculiarem Theologiam inferat. Una est Theologia quidem, Eph. 4, 4. sqq. sed quoad modum tractandi est vel *Exegetica*, quæ in Scripturæ textuum interpretatione versatur: vel *didactica* stricte sic dicta, quæ & *dogmatica* audit, quæ articulos fidei systematice explicat; vel *Ascetica*, quæ & *Mystica* dici potest; licet & *strictius* hanc dici supra jam monuimus. Hæc exercitiis pietatis πρὸς εὐσέβειαν, 1. Tim. 4, 6. Christiano homini, qui in unione cum DEO & Christo permanere cupit, necessariis, occupatur, eo modo, quo B. *Arndium*, *B. Gerhardum*, & alios nostratium Asceticam scripsisse constat. Ante Lutherum etiam jam qui vixerunt nonnullos Mysticos fuisse, quorum Theologia penitus, ob pias meditationes, improbanda non est, supra notavimus; habetque B. *Dannhavverus* noster, vir Fanaticis minime bene cupiens, hoc loco *Taulerum*, & *Thomam à Kempis*, in Theol. Consc. p. 564. sq. jactanti *Besoldo*, quantopere affectus fuisset lectione *Johannis Tauleri*, *Johan. Rusbrochi*, *Henrici Susonis*, *Thomæ de Kempis*, & similium, ita respondens: *Si quid boni succi ex his libellis suxisti, sacris literis, & his consonantibus meditationibus, gemmarum instar intertextis debes.*

§. XVI. Cæterum quod *Theologiæ didacticæ* accidit, jam diu ante Lutherum, ut cum ab aliis, tum à Scholasticis, à puritate salutaris doctrinæ secessum fuerit, idque diversimode, ceu nostrates *Centuriatores*, *Chemnitius*, *Nicol. Hunnius*, cui adhuc solidum à Romano-Catholicis debetur responsum, demonstrarunt: Idem fatum fuit *Theologiæ Mysticæ*, quæ & ipsa passim à

sua puritate defecit variis *abusibus*, & *excessibus*, quibus facta est obnoxia. Abusus hos jam supra notare incepimus. Admixtus præmature fuit huic disciplinæ, ab ejus autoribus, *Platonismus*, seu ex instituto & data opera, seu per imprudentiam, & ex nimio erga Platonem affectu, quod doctrinæ in scripturis sacris traditæ ejus disciplinam respondere male crederent. Hanc quod sacrorum horum fontium rivum esse non dubitaverant, in eam cæco affectu sic irruerunt, ut mysticorum dogmatum explicationi imprudenter admiscerent, ordine dicendorum, modo item Philosophandi & contemplandi, quem rectius ex *Platonicis* & *Pythagoricis* scriptis, quam libris Prophetarum & Apostolorum ostenderis. De *Dionysio* certè, quem *Areopagitam* vocant, usq; eo id manifestum est, ceu ostendimus supra, ut nemo rerum peritus id jure negare possit. Uti vero, quod 1.Cor. 5.6. Gal.5.9. *Paulus* monet: Μικρὰ ζύμη ὅλον τὸ φύραμα ζυμοῖ, *parvum fermentum totam massam fermentat*; ita fermentum hoc Platonicum mysticam religionis Christianæ doctrinam usq; eo infecit, atque penetravit, ut hactenus expurgari non potuerit; sic ut incaute multi Platonico Philosophandi genere delectentur, Platonem licet nunquam legerint, nec ejusdem se sequi lineas, aliisque easdem comendare agnoverint, ita ut ignorantes cœno Platonico inhæreant. Patet id manifeste *Jacobi Böhmij*, sutoris Görlicensis, & *Hoburgij* exemplo. *Cœlestem animam, fontem animarum omnium esse*, dogma *Platonis* esse docuit *Apulejus* l. de dogm. Plat. p.m. 54. In qq. Platonicis *Plutarchi* t.2. Opp. f.1001. expresse ad mentem *Platonis* dicitur, quod ψυχὴ οὐκ ἔργον ἐστὶ ᾧ Θεᾦ μόνον, ἀλλὰ καὶ μέρος, οὐδ᾽ ὑπ᾽ αὐτᾦ, ἀλλ᾽ ἀπ᾽ αὐτᾦ ᾗ ΕΞ αὐτᾦ γέγονε, *anima non opus modo, sed & pars DEI sit, neq; ab ipso facta, sed de ipso, & EX ipso existat*. Ab hac Philosophia non abire, sed cum illa potius consentire videtur *Pseudo-Trismegistus*, cum c.10. ait: Ἀπὸ μιᾶς ψυχῆς ᾗ παντὸς πᾶσαι αἱ ψυχαί εἰσιν, *ab una universi anima omnes animæ exsistunt*. Quomodo? Explicatur c.12. scil. *per diffusionem quandam*, ὥσπερ ἡ ἁπλωμένη, καθάπερ τὸ ᾧ ἡλίου φῶς, *uti solis splendor*. Divinas itaque cum hoc modo anima agnoscat origines, contendendum eidem Platonici & Pythagoræi docent, ut beneficio virtutum purgativarum expurgata rursus cum DEO autore reuniatur, & in eundem refluat, ex quo
egressa

egreſſa eſt. De quo ex *Porphyrio* & *Hierocle* ſupra jam egimus. Addimus hac tantum vice verba *Plutarchi* ex l. 4. de plac. Phil. c. 7. t. 2. opp. f. 909. qui *Pythagoram* & *Platonem* ſtatuiſſe ait, ἄφθαρτον ψυχὴν ἐξιοῦσαν εἰς τὸ τοῦ παντὸς ψυχίον ἀναχωρεῖν πρὸς τὸ ὁμογενὲς, *animam interitus expertem exeuntem pervenire in cognatam ſibi animam mundi,* quæ Platonicis DEUS fuit. Similis eſt Philoſophia *Böhmÿ,* ſive *Platonem* legerit; de quo merito dubitatur; ſive non legerit. Sic enim in der hochtheuren Pforte von Göttlicher Beſchaulichkeit, c. 1. *Die Vernunfft verſtehet, daß ſie iſt AUS einem übernatürlichen grund herkommen, und daß ein Gott ſeyn müſſe, der ſie habe in ein leben und vvollen gebracht &c.* Nonnullis vero interjectis ſic pergit: *Die Vernunfft tritt noch mehr in ihrem Unrecht leiden in eine hoffnung, daß ſie das jenige, vvas ſie hat geſchaffen, vverde von dem leiden IN SICH einnehmen &c.* Satis vero perſpicue paulo poſt addit: *In dieſem verſtehet man recht &c. vvie das vernunfft leben, als das natürliche leben, ſich vvider in das einzuvvenden daraus es iſt gegangen &c.* Rectius dicitur, Platonicos & Platonizantes ſic loqui, quam viros Θεογνώςυς.

§. XVII. Idem de *Chriſtiano Hoburgio* doceri poteſt. *Dionyſium Areopagitam,* provocet licet ad eundem, *Platonem* etiam, *Platonicosq,* atq; *Pythagoræos,* quorum ſcripta & fragmenta hodie ſuperſunt, num legerit, ſuo loco relinquo. Id certum eſt, doceri poſſe facile, paſſim eundem in ſua Theologia Myſtica cum dictis Platonicis potius, quam cum ſcripturis loqui. V. C. quando in Theol. Myſt. P. I. c. 4. temperantiam, tanquam virtutem purgativam, & auxilium in *via purgativa* neceſſarium commendat, p. 38. ſic loquitur: *Sintemahl vvo dieſer invvendige geiſt mit überflüſſiger ſpeis und tranck überſchüttet vvird, es gleich iſt, als vvenn man einem Vogel die flügel beſchneidet, daß er ſich nicht erheben noch auffliegen kan. Ja eben alſo vverden dem Geiſt die flügel der ELEVATION und erhebung zu Gott durch ſolchen überfluß beſchnitten, daß er nicht kan vvie ein adler auffliegen.* Rem ipſam hic, & quod de Intemperantia docetur, ne quis cavilletur, non improbo; quum à vitio hoc & ipſe Chriſtus Luc. 21. dehortetur. Simile etiam, quo *Autor* utitur, per ſe non rejicio. Et ſicut ex *Cicerone, Epicteto, Seneca* vel Poëta aliquo Græco, aut Latino, in ſcripto aliquo Theologico Practico, vel etiam Concionibus aliquid

quid produci, à me non rejicitur, sobrie modo fiat; ita non video, quid impediat, quo minus ex *Platone* quoque, in quo non parum eximie dicta, ad mores & vitæ praxin pertinentia, occurrunt, sententia, loco testimonii ab externis desumpti ad impios Christianos in ruborem dandos, petatur. Id interim certum manet, ex *Platone* & *Platonicis* rivis formulas has Hoburgianas manare. Quod *aloti* fieri debeamus, supra §.12 ex *Hierocle* audivimus, cujus disciplinæ *Hoburgij* doctrina attemperatur. Frequens etiam de *alis animæ*, ejusdemque πτερώμαλι, *alatione*, atque *elevatione*, sermo est *Platoni* in Phædr. f.344.sq. ut *Platonem* hic potius imitari, quam Apostolum, *Hoburgium* recte dici possit. Pythagoræorum dogma etiam esse, ipse *Hierocles* monuit Com. in Aur. Pythag. p. 291. sæpius explicans, cur *alæ* vocentur *virtutes* p.256.259.264. Et quis non Platonizantem eundem agnoscet, quando in Theol. Myst. P. 1. c.7. p.95. ita loquentem audiverit: *Gott ist das leben unser seelen, da deine seele von evvigkeit hero (per ideam) gebildet, in der zeit deiner schaffung aber heraus geflossen, und zu dem SIE vviderkehren, und als in ihren einigen ursprung vvieder einfliessen (revertere anima in requiem tuam Ps.116.) und in ihm einig und evvig allein ruhen mus: vvo ihr anders evvig vvol seyn soll.* Platonis dogmata illum ignorare necesse est, qui hæc Platonica & Pythagorica esse nesciverit, vel negaverit. Christiana doctrina à Platonismo repurgata, non sic loquitur, sed cum scripturis. Non minus in aliis Mysticis iteratur mentio *Ascensus*, & *elevationis* ad contemplationem, idque secundum disciplinam *Dionysii*, quem sic vocant, in l. de Theol. Myst. de cujus Platonismo supra egimus. Quem etiam *Herfentius* in appar. p.33. confitetur.

§. XIIX. Triplex illa Theologiæ Mysticæ via, *purgativa, Illuminativa & unitiva,* prout à Mysticis quidem explicatur, etiam satis lubrica est. De ea *omnes fere spiritualium rerum Magistri agere,* autor est *Sandæus* Clav. Theol. Myst. p.360. cui add. *Lettr.* supra cit. *touchant des Auteurs Mystiques.* In dissertat. 3. de nov. homin. induit. §.12. trivium quidem hoc in *Hug. de Palma* jam examinavimus. Hoc recte, & secundum scripturas, lucem viæ cœlestis, plene explicatum & intellectum, etiam non negabunt illi, qui inter gratiam Spiritus Sancti regeneratricem, sanctictificatricem, illuminatricem, & unitivam distinguere norunt; comunior tamen interim, quæ hic datur, Mysticorum disciplina, quamcunque etiam fragrantiam & pietatem spirare videatur, à nobis probari non potest. Mysticam enim hanc quod attinet Hodosophiam, quod primæ ejus lineæ ductæ fuerint ex mente, & ad instituta, mentemque Platonicorum & Pythagoræorum potius, quam Apostolorum & sanctorum DEI virorum, licet etiam in scripturis mentio *purgationis, illuminationis & unitionis* fiat, cum res ipsa docet, tum istorum temporum historia comprobat, quibus Theologia Mystica distinctiori disciplina tradi, & adolescere incepit. Loquatur scriptura de *cordium* nostrorum *purgatione*, Act. 15,9. Ebr. 9,15. 1.Pet.1,19. 1.Joh.1,7. Apoc.1,5. Velit, *surgamus, ut illuminemur*, Jes.60,1. add. Luc.2,32. Joh.1,9. Eph.1,18. c.5,8.14. 2.Pet.1,19. Ps.19,9. Doceat denique, quæ sit ratio *unionis* nostræ cum DEO & Christo, Joh.14,23. 1.Joh.3,24. Eph.3,17. Joh.6,56. 1.Cor. 6,19. 2.Cor.6,16. Non hujus, ceu sapientiæ vialis ductu, scripta est hæc Hodosophia à Mysticis, quos vulgo sic vocant, prout à nostratibus eadem fuit explicata; id quod merito & per se improbamus. Ratio ordinis enim & modi tractandi secundum se considerata, si quis distinctioris disciplinæ gratia ea uti voluerit, æque orthodoxæ, atque heterodoxæ, & Platonicæ doctrinæ applicari potest. Satis vero manifestum est, id egisse Mysticos, ut in suis viis, quibus animas devotas ad perfectam charitatem, & supremam hujus vitæ beatitudinem tendere docent, explicandis, Pythagoræorum & Platonicorum commenta potius, & lineas, quam D. Pauli doctrinam & placita usurparent. Certum id est ad Mysticorum mentem, vias has tres niti distinctione virtutum in καθαρτικαῖς, *purgativas*, τὰς πρὸς τὸ νῦν, *intellectuales*, & ὑποδειγματικαῖς, *exemplares*, de qua ex instituto *Porphyrius* P.II. sent. c.34. p.235. sqq. quas à virtutibus Politici, quæ in μετριοπαθείᾳ consistunt, & ab *Aristotele* explicantur, distinguens, dicit esse τὰς πρὸς θεωρίαν ἀνιούσας, *ad contemplationem tendentis*. Hunc vero & Mystica Theologia informare molitur, facitque id eodem modo, iisdem viis, ad Christianismum licet applicatis, juxta hypotheses quoque domesticas, in scholis Evangelicorum non probatas, quibus *Porphyrius* contemplantemplantem incedere juſſit, quo *anima ad* τὸ ὄντως ὄν, *verum ens,* h.e. DEUM, *ſe elevare poſſit.*

§. XIX. In *via purgativa,* quæ ſecundum *Hugonem de Palma* in Theol. Myſt. p.5. ſq. eſt *incipientium,* intenditur, eodem autore, *hominis naturalis* NB. *perfectio* quoad *ſenſus , carnis* item *mortificatio.* Verbo: *Naturæ corruptæ reformatio.* Conf. *Philipp. à Trinit.* in Theol. Myſt. Καθαρσις, *purgationes Porphyrij,* ceu ſupra §. 12. vidimus, ſimiliter in *abſtinentia ab actionibus quæ corporis miniſterio fiunt, & ab affectionibus erga corpus ſpectantur.* Finis eſt, uti mox *Batanæotes* loquitur p.m. 236.238. ἀπάθεια, *carentia & vacuitas affectuum*; quæ eſt illa *perfectio,* de qua modo *Hugon. de Palma* audivimus. Non diſſimiliter ad Pythagoræorum Carm. & ex illis de Purgationibus philoſophatur *Hierocles* p. 291. ſqq. Inſuper hoc etiam non negligendum, urgere *Porphyrium* in via purgativa τὸ γνῶναι ἑαυτὸν, *cognitionem ſui,* ceu θεμέλιον καὶ ὑπόβαθραν, τῆς καθάρσεως ſcil. ψυχὴν ὄντα ἐν ἀλλοτρίῳ πράγματι καὶ ἐπερούσιω συνδεδεμένην, *fundamentum & baſin* purgationis, *animam eſſe in re aliena, & ſubſtantia prorſus diverſa devinctam.* Hac mente etiam Myſticus Fanaticus *Weigelius* l. qui γνῶθι σεαυτὸν inſcribitur, quo ad Fanaticam purgationem, quam it inculcatum, ſuæ diſciplinæ alumnos, & ſuis ſacris initiandos informat, fundamenti & baſeos loco ponit. l. 1. c. 1. p. 8. & c. 3. quod homo ex *tribus partibus, corpore, anima & ſpiritu conſtet.* Urget hanc cognitionem ſui ipſius, ceu ἀναγκαίαν πρὸς τὴν τ̃ κακῶν λύσιν, *neceſſariam ad malorum liberationem,* h.e. ad purgationem, *Hierocl.* ex Pythagor. diſciplina Com. in Carm. Pythag. p.m. 277. quæ eidem etiam ἐπιστροφὴ εἰς ἑαυτοὺς, *converſio ad ſe* dicitur, quam ſequi ſtatuit καὶ τὴν ἀποταγὴν τ̃ κακῶν, καὶ τὴν ἔκφανσιν τ̃ πρὸς εὐδαιμονίαν ὑπὸ τ̃ Θεῶ προτεινομένων, *& malorum liberationem, & eorum oſtenſionem quæ ad felicitatem à* DEO *porriguntur.* Quibus verbis præter viam *purgativam,* etiam *illuminativa* inſinuatur. Eadem incedere etiam *Porphyrius* jubet, & cum via *purgativa* conjungit P. II. ſent. §. 34. p. 237. *illuminativam,* ἀρετὴ, inquiens, *virtus, anima* ſcil. *purgata* μετὰ τὴν ἐπιστροφὴν αὐτῇ πάρεστιν ἐν γνώσει, καὶ εἰδήσει τοῦ ὄντος, *poſt converſionem conſiſtit in cognitione atq; ſcientia veri entis.* Ad viam hanc pertinere idem contendit virtutes νοερῶς τῆς ψυχῆς ἐνεργούσης, *anima intellectualiter operantis,* τὰς πρὸς

τ̃ νῦν

τ νῦν, intellectuales, l.c. Placet & hæc via Mysticis, quam priorem necessario excipere, & *Proficientium* esse contendunt. Intendere eandem, ait *Hugo de Palma* Theol. Myst. *perfectionem rationis, comparandam contemplatione veritatis*: Ita ut quemadmodum *via purgativa* morum emendatione, & vitiorum expurgatione absolvitur; sic *via illuminativa* in contemplatione rerum divinarum, & sanctissimorum sensuum cognitione consistat, p. 37. *Tertia* quæ dicitur via, audit *Unitiva*, eademque Contemplativos incedentes DEO uniri, & in illum transformari, modo qui sane in vitam hanc non cadit, notat. Miris hic utuntur ἀκυρολογίαις complures, quas ipsorum etiam fidei consanguinei improbant, ceu supra jam est explicatum. Sane hinc suis contemplationibus in caligine, quam se ingressos dixerunt Mystici, dediti plus justo, & silentium animæ in altissima contemplatione absorptæ, quietemque fictam, qua perfrui volunt animam silentem, & DEO unitam, præ se ferentes, verbo scripturæ destituti in *Quietismum* inciderunt. Post *Sandæi* Theol. Mystic. & *Harphy* Theol. Myst. l. 3. P. III. c. 18. f. 218. conf. *Trait. historiq. sur la Theol. Myst.* art. 1. sqq. p. 16. Etiam *viam* quandam *unitivam* l.c. p. 237. tradidit *Porphyrius*, φησί, inquiens, καθηραμένην (ψυχὴν) συνεῖναι τῷ γεννήσαντι, purgatam animam oportet cum autore suo conjungi; & ad eandem simul refert *virtutes mentis* παραδειγματικὰς, *exemplares*; quas mentis, νῦ καθὸ νῦς, ἢ ἀπὸ ψυχῆς καθαρᾶς, *qua mens & ab anima consortio pura*, vocat sent. c. 34. init. Consideretur denique Mystica Porphyriana l.c. quæ p. 238. ita habet de triplici via, & virtutibus ad singulas vias pertinentibus: Ὁ ἐνεργῶν κατὰ τὰς ἀρετὰς καθαρτικὰς, δαιμόνιος ἄνθρωπος, ἢ καὶ δαίμων ἀγαθός· ὁ δὲ κατὰ μόνας τὰς πρὸς τὸν νοῦν, Θεός. ὁ δὲ κατὰ τὰς παραδειγματικὰς, θεῶν πατήρ, *qui operatur secundum purgativas, homo dæmonius, sive genius bonus. Qui vero secundum solas intellectuales, DEUS. At qui secundum exemplares, Deorum pater*; & in Mystica Christianorum Platonizante lineas sive Pythagoricas, sive Platonicas, manifeste id faciens deprehendet. Sane quæ *Henricus Harphius*, Theol. Myst. l. 1. c. 23. de *quatuor gradibus virtutum* habet, aperte & fideliter ex *Porphyr.* l.c. desumta, & ad Theologiam Mysticam sic applicata sunt, ut *Batanaotis* disciplinam manifeste *Gregorij* & *Augustini* doctri-

D

doctrinâ temperatam videre liceat. Nec diffitetur id ipse *Harphius*. In c. enim sq. 24. comendaturus hæc virtutum genera, ceu ornamenta pretiosa, ad *Plotinum, imitatorem Platonis* provocat, eademque verbis *Plotini* it explicatum; ita ut dubium plane non sit, præstantissimos etiam Mysticos Platonismum Pythagorizantem miscuisse cum Christianismo, sic ut, si istas tres vias ex Platonicis Philosophis non petierint, sed ex scripturis, ut alii ajunt, ex Philosophia tamen Platonica & Pythagorica easdem explicarint, & in illis explicandis ad eandem respexerint, nonnulli etiam Platonizaverint imprudenter, licet de Platonicorum & Pythagoræorum disciplina nil audiverint, nec eandem sequi unquam in animo habuerint. Accedit, quod cum Mystici communiter sequantur *Dionysium Areopagitam*, uti credunt, Platonicum Philosophum, & Platonizantem Theologum, hoc ipso quoque in sua Theologia Mystica tradenda in Platonismi, à Gentilismo non satis purgati, communionem interdum incauti venerint, & cum Pythagoræis & Platonicis potius, quam cum D. Paulo loqui maluerint, Christianamque doctrinam comiscentes, talia etiam jactarint, quæ sunt ultra hujus vitæ statum. Vid. etiam *Piccolom*. Phil. de mor. gr. 4. c. 19. sq. *Deificatio* certe, ut alia capita transmittam, sæpe numero sic explicatur, & viæ ad eandem, ut manifestius vestigia Platonis & Platonicorum, quam D. Pauli, deprehendere liceat. Ne de *Böhmio, Weigelio, Hoburgio*, & aliis Mysticis Fanaticis quid dicam.

§. XX. Triplex præterea ista Mysticorum via; (*Sixtus Bergomensis* in Via Mont. ad cœl. *quinquaginta vias ad cœlum ducentes*, commendat;) præterquam quod strata sit virtutibus ad disciplinam Platonicam potius, quam Theologiam Christianam Asceticam ex scripturis docendam, & meliorem Philosophiam moralem explicatis, quamcunque etiam sanctitatis & pietatis speciem præ se ferant; etiam aliunde lubrica est, nec ad DEUM recta via ducit. Genuina Hodosophia docetur à Christo, Hodogeta sapientissimo, Joh. 14, 6. Ἐγώ εἰμι ἡ ὁδὸς, ϰ ἡ ἀλήθεια, ϰ ἡ ζωὴ, ὐδεὶς ἔρχεται πρὸς τ̄ πατέρα, εἰ δι' ἐμȣ̃, *ego sum via, & veritas & vita, nemo venit ad patrem, nisi per me*. Via unica, vera & viva, prodromus, Dux, & terminus est JEsus Christus. Via etiam, qua ad DEUM & unionem cum DEO tendimus, Evangelica est. Et

tunc

tunc recte pro via Christum habemus, & in vera via ad unionem cum DEO ambulamus, cum Christum amplectimur tali fide, quod ipsius solius merito justificemur, & salvemur, omnibusque bonis cœlestibus fruamur. Conf. **Brent.** Com. h. l. f.706.sq. Triplex ista Mysticorum via, quantamcunque etiam sanctimoniæ & bonorum Operum speciem monstrare videatur, ad legem potius pertinet, & legalis est, & in exercitio operum consistit. Summus similiter, atque purissimus, qui cogitari potest, amor Contemplativorum legalis est, Luc.10,26.sq. & operis rationem habet. Lex autem uti non ducit ad justitiam coram DEO, ita nec ad unionem mysticam cum DEO, quæ justificationem sequitur. Fide itaque uti DEO unimur, quæ in intellectu & voluntate datur, ita ejus effectus, dilectionis autem consequens, ista unio dici potest. Joh.14,23. Idem præterea trivium animæ orthodoxe explicatum, describit officium ejus, qui cum DEO unitus est, & in gratiosa hujus nodi unione permanere desiderat, minime vero causam, & medium ejusdem. Debemus *in novitate vitæ ambulare*, Rom.6. quod viam purgativam & illuminativam, ex scripturis monstrandam, non quibuscunque Mysticorum explicationibus docendam, complecti non negamus. Sed hoc ad officium hominis, & descriptionem subjecti arctius in dies per fidem cum DEO uniendi, pertinet, & ad unionem istam per peccata non amittendam; cum *iniquitates nostræ dividant inter nos, & DEUM nostrum*. Es.59,2. Loquuntur Mystici ex Romano-Catholicis de fide quidem, sed non nisi generali, quæ solo assensu absolvitur, & charitate formatur; non vero speciali, quæ est fiducialis meriti Christi apprehensio. Audi *Harphium* in Theol. Myst. l.1. c.86. f.110. qui enarrans *tres fidei actus interiores,* nimirum, *"credere DEUM; credere DEO; & credere in DEUM.* Hunc dicit esse, *per charitatem tendere in DEUM.* Sequitur hinc, Theologiam Mysticam hanc, & quæ huic similis, quantamcunque sanctitatis & pietatis speciem præ se ferat, quoad ipsum fundamentum genuinæ *Ascetices* à nostra differre. Charitatem enim & amorem summum pro effectu fidei, non pro forma habemus. Gal.6.

§. XXI. Cæterum cum præter pietatem, quam præ se ferunt Mystici, varia etiam jactare, & ad sua insuper *experimenta*

pro-

provocare soleant, quid de his habendum, etiam difquirendum. Supra hac de re jam aliquid in §.13. dictum. Certe cum illa magna ex parte divinis promiffionibus deftituantur, nec fanctorum exemplis ex fcriptura facra probari poffint, in qua de ejufmodi contemplatione, & talibus, quae illi accidere finguntur, nihil legitur, nemo prudentioribus vitio vertet, fi fpiritus quales fint, majori folicitudine probamus, 1. Joh. 4, 1. Sane qui de juftificatione hominis coram DEO, non recte docent; nec fiduciali apprehenfione Chrifti cum hoc animae noftrae Sponfo uniuntur, audiendi non funt, quantamcunque etiam pietatis fpeciem de fe fpargant, & quicquid de commercio cum DEO, ejufque fenfu & dulcedine fingant. *Contemplatio* definitur ab *Autore* l. qui infcribitur: *Le Chriftianifm. Eclairci* p.205. quod fit *une elevation qui excluë TOUT l'embarras des fens*. Eft haec ipfiffima *oratio quietis*, *aut unionis*, uti loquuntur. Difputat hac de elevatione etiam *Francifc. Suarez*. t. 2. l. 2. de Orat. Ment. c. 14. *negatâ quidem implicare contradictionem, elevari mentem hominis in hac vita ad hoc contemplationis genus,* quod *intelligibile contempletur fine ullius fenfus cooperatione*. Bene vero fentit *Suarez*, certo non conftare, an hic *modus intellectualiter cognofcendi aliis communicatus fit*. Id vero in hac quaeftione, quando Myftici de Contemplatione tam prolixa verba faciunt, uti *Sandaeum* in Theol. Myftic. l.1. à pag.54. ad l.2. p.280. feciffe conftat, *fatis nobis non eft*, quod *id non repugnare* fcribat. Sic enim id, quod inter praecipua fui ftatus jactant Myftici, in dubio relinquitur; prout etiam relinqui debet. Quid olim DEUS, quod attinet ecftafes, fecerit, legi poteft Act. 10, 10. fqq. Act. 11,5. Act.22,17. 2.Cor.12,2,4. An idem hodie facere velit, certius negatur, imo tutius, quam affirmatur; tantum abeft, ut cuilibet jactanti credamus. Nec ftatim pia & attenta devotio, cordifque & virium animae beneficio Spiritus Sancti ad DEUM facta elevatio, quam piis & devotis, Deumque ex fide diligentibus non denegamus, pro vera ecftafi haberi debet. Avocentur enim fenfus ad intra, non tamen ita ligantur, quo minus fe ad extra exferant, certe exerere nitantur, & per varia objecta externa etiam turbentur tam externi, quam interni. Neminem etiam latet, quid vehementia affectus in fenfuum externorum

norum suspensione facere possit. Unde cum, ut *Thomas* loquitur in 2.2. q.175. art.2. Resp. *ex hoc, quod appetitus vehementer ad aliquid afficitur, potest contingere, ut ex violentia affectus homo ab omnibus aliis alienetur.* Fieri ut id potest viribus naturæ in appetitu vehementiori circa objectum aliquod naturale, vehementer afficiens; ita dubium non est, quin hominis renati, & Spiritus Sancti inhabitantis gratia instructi, cum ejus motibus actualibus impulsi, Rom. 8. Gal. 4. tum hujus viribus adjuti 2. Cor. 3, 5. appetitus intellectivus sic in divina ferri possit, ut in sensibus externis aliquid suspensionis exoriatur. Probamus id ratione *Suarezij* l.c. c.15. n.12. quia cum hujusmodi *animæ virtus est finita, hinc absorpta vehementer in superioribus ac inferioribus actionibus, non potest simul ad inferiores & externas descendere.* Et hoc modo Mysticorum & Mysticarum, v. c. *Theresiæ*, aliorumque contemplationes, ecstases & facultatum suspensiones, suo loco in præsenti relinquimus. Frequenter enim, licet inæqualiter, talia contingunt. Piis etiam ac devotis animabus, fide Salvatorem suum ardentissime amplexis, contingere non absimilia, non dubitamus. At *miracula non esse multiplicanda sine necessitate,* ipse *Soarius* monet. Naturaliter etiam quid possit fieri nimia vehementiorique facultatum superiorum intensione ad contemplationem, patet exemplo *Hesychastarum*, sive *Umbilicanimorum*, de quibus ex *Simeonis Xerocerei Monasterij Abbatis* opere de Sobriet. & attent. egit *Leo Allat.* de Eccles. Occid. & Orient. Cons. l.2. c.17. p.830. *Quackerorum*, de quibus in mea Colluv. Quack. p.18. *Quietistarum*, memorante *Caraeciolo* ArchiEpisc. Neapol. in lit. ad Innoc. XI. Pontif. d. 30. Januar. 1682. Vid. *Act. de la Condemn. des Quier.* Melancholicum denique temperamentum; quo sane complures horum hominum præditos fuisse notum est, ceu de *Foxo*, etiam Quackerorum autore constat; quod ad hujusmodi suspensiones facultatum disponere possit, supra jam dictum est. Accedente itaque, in sexu præprimis fœmineo, malo huic facultatum intensione in certum objectum, nemini non constat, quales inde sequi possint, secutique sint effectus. Elementaris sane ille calor præternaturalis, quem cum amore mystico conjunctum nonnulli retulerunt scriptores, ea, quæ hactenus dixi, non parum confirmat. De *Catharina*

de

de Genua sane autor est *Johannes Jahoda* in alloc. sac. p. 308. quod cor ejus sic caluerit, *ut vix manu contingi valeret.* Similia de aliis referuntur. Dicta tamen hæc nolumus contra Pietatis exercitia, & quod in DEO, tanquam summo bono, & centro cordis nostri, unice quiescere debeamus, dicentes quotidie ex Ps. 73. *Domine, quid mihi præter te,* ita ut dormientes etiam fide Salvatorem, ceu animæ nostrum sponsum unicum, ardentissime per totam vitam complectamur. Minime enim probamus illam disciplinam, quæ docet, sufficere si *DEUM actu elicito diligamus in fine vitæ* ; quam *Vasquezij* esse, & aliorum, docet *Escobar* Theol. Moral. t. I. Ex. 2. c. 4. n. 21. p. m. 63. Conf. *Montalt.* lettr. Provin. X. p. m. 144. & quæ *Wendrockius* prolixe disputavit hoc nomine contra *Sirmondum*, in not. ad *Montalt.* p. 271. sqq. De *Quietistarum* doctrina quoad amorem Christi, vid. Dn. *Bossuet.* Episc. Meld. de Nov. q. tract. I. P. I. c. 3. p. 76.

§. XXII. Atqui, inquiunt, ad sua hic *experimenta* provocare solent *contemplativi*, atque *Spirituales.* Sic enim ex *Martin. Del Rio* disquis. Mag. autor est *Francisc. Suar.* l. c. c. 19. *experientiis constare, pati spirituales viros hujusmodi ecstasin invitos. Sæpe enim DEUM precari vehementer ne hujusmodi raptum pati sinat, præsertim coram aliis, & non obtinere, sed invitos supra se elevari.* De ipso *Augustino* & *Hieronymo* refert *Sandæus* in Theol. Var. ad I. Thom. l. 3. Com. 40. sq. p. 749. 743. quod de se testati fuerint, provocantes ad experientiam, quod *ad essentiæ divinæ visionem* fuissent elevati. Verum illa testimonia quibus hoc it *Sandæus* probatum, tanti non sunt, ut nos movere queant, ceu partim male intellecta, partim suppositicia, uti haud obscure id *Sandæus* fatetur. *Hoburgius* in sua Theol. Myst. sæpissime ad propriam provocat experientiam, v. c. P. I. l. c. 2. p. 9. sqq. c. 5. §. 10. p. 57. & sæpius. In nupero certamine Quietistico Illustriss. Archiepisc. *Cameracens.* etiam provocavit ad *experientiam Sanctorum* in hac materia Mystica, in Instr. Pastoral. p. m. 35. Verumenimvero hujusmodi *experientia (α) est insufficiens.* Nam non datur quoad omnia, nec ubique, nec semper. De puro v. c. amore, quo contemplatio constat, & qui ecstasin facere dicitur, sive alienationem à sensibus, cum disputant Mystici, disquiritur: An, & quid hic præstet operatio intellectus? negantque id constare

expe-

experientia, *Sandew* Theol. Myst. p. 528. quæ tamen, si hic daretur, rem obscuram non parum illustraret. (6) Eadem est *incerta* & fallax, ceu illusionibus obnoxia. Nec alienæ experientiæ statim vir prudens fidem habuerit; nisi, qualis illa sit, & unde orta, constet. *Secundum legem & testimonium* judicandum, Es. 8. non secundum illa, quæ alii jactant. *Meldensis* sane *Episcopus* parum motus fuit illa *Cameracensis* Præsulis objectione, idque merito. Unde in Prefac. sur l'Instruct. pastoral. don. à Cambr. p. 27. *denier*, inquit, *refuge de l'auteur :* (Cameracens.) *l'illusion des experiences : il en faut juger par la regle de la foy.* Hujus principiis si sunt oppositæ, *ces experiences sont fausses, elles sunt contraires a la regle de la foy: il n'est pas vray, que les saints attestent qu'ils les ont senties.* Imo ni aliunde de illis melius constet, pro petitione principii haberi possunt. Precatur quidem Paulus Philippensibus suis I, 9. πεϱισσεύειν ἐν ἐπιγνώσει καὶ πάσῃ αἰσθήσει, *abundare in cognitione & omni sensu*, ut non simus destituti etiam cognitione experimentali, sed gustemus etiam, *quod bonus sit Jehova*, Ps. 34, 9. Ast nec ultra, nec præter, nec contra scripturam sacram. Sublimiora, extraordinaria item, nec divinitus promissa si jactantur, movere ea neminem debent, donec de divinitate talium certo constet. Conf. Matth. 24, 24. 2. Cor. 11, 13. sq. Gal. 1, 7. sq. Eph. 2, 20. 1. Joh. 4, 1. Apoc. 22, 18. Sint etiam talia divinæ irradiationis extraordinariæ radii, uti divinam bonitatem in arctum redigere nolumus, tales licet minime statuamus, vel sperandos, & expectandos ulli hominum esse censeamus; *relative* tamen, in ordine ad alios, & aliis aliquid probandi vim non habent. Ad legem & ad testimonium vocamur, Jes. 8. Ps. 119.

§. XXIII. Ab his & similibus abusibus, quos supra jam tetigimus, repurganda est *Theologia Mystica*, quam secundum DEI verbum repurgatam non rejicimus, nisi ipsam *Theologiam Asceticam* rejicere velimus. Explicentur viæ vitæ Christianæ secundum doctrinam Evangelii, orthodoxe ex scripturis traditi; asseratur fidei, fiduciali Salvatoris apprehensione in ejus merito recumbentis, efficacia per charitatem, Gal. 5, 6. Maneatur in statu hujus vitæ; nec affectentur, vel jactentur, quæ ad statum Patriæ pertinent. Platonismus non dominetur;

sed

sed si, quæ à Platonicis dicta sunt, accommodari posse videantur, sobrie id fiat. Ancilla & hic etiam Philosophia Platonica, ubi sana, esse debet. Devitetur Enthusiasmus. Cesset hic καινοφωνία & κενοφωνία; retineaturque etiam in loquendo scripturæ simplicitas, quæ in necessariis hic non deficit, & ὑποτύπωσις τῶν ὑγιαινόντων λόγων, 2.Tim. 1,13. Absit etiam superbia & majoris pietatis persuasio, cum pios humilitas potius deceat.

§. XXIV. Coronidis loco distinguimus Mysticos reliquos in diversas classes. Nam I. qui *ante Lutherum* vixerunt in claustris, quod varie modum excesserint, variisque abusibus Theologiam Mysticam corruperint, ex dictis constat; à suis sæpe non magni æstimati. Horum tot, & tam frequentes raptus jactatos, ecstases, visiones item & revelationes; formam item verborum male sanorum, Platonismum etiam interdum potius, quam genuinum Christianismum spirantium; de qua B. *Thomasius* Schediasm. p.54. *Autor* l. Trait. Historiq. sur la Theol. Myst. p.12.80.sqq. Conf. etiam *Voët.* Ascet. p.55.58.68.76. merito improbamus. Alii licet aliis sint puriores, minusq; jactabundi.

§. XXV. II. Plus aliis excedunt QUIETISTÆ. Speciem quandam Theologiæ Mysticæ horum disciplinam constituere, neminem negaturum arbitror, cum in ea omnes partes Theologiæ hujus appareant. Ulterius tamen eandem pergere, & ad sublimiorem adhuc quandam contemplationem grassari, ita ut in isto statu constituti Fanatici hujusmodi, nescio quo speculativo amore, scripturis incognito, & fidem justificam, memoriam etiam, amoremque JEsu Christi, qui perpetuus & ardentissimus esse debet, 1.Cor.16,22. exuente, suffocante, imo extinguente, ebrii, Christum animæ Sponsum omittant, imo negligant, nec suo amore ulterius dignum judicent: Se invicem enim talia per se sequuntur. Verba *Autoris du Moyencourt* celebrioris Quietistæ, in Exposit. Cantic. quam ceu *excellentem* commendat *Auteur* Literarum *sur les Princip. & les Caracter. des princip. Auteurs Mystiq.* §.79. p.93. ita habent: *L'on peut icy résoudre la difficulté de quelques personnes spirituelles, qui ne veulent pas que l'ame estant arrivée en Dieu parle de Jesu Christ, & de ses états interieurs, disant que pour une NB. telle ame cet état est passé.* Add. Prop. ab *Innoc.* XI. damn. n.34. Quicquid sit, quod nonnulli

nulli asserere ausi fuerint, favere debere Quietistis Protestantes, quod isti Romano-Catholicorum cultum externum petere, & evertere videantur; prodigiosum hoc dogma, quod ipsum fundamentum fidei, & animam praxeos Christianæ directe petit, pios Protestantes, & qui JEsum amant, potius ad Quietistas, ceu male sanos Fanaticos impugnandos, & corrigendos, impellere debet. In periculosum hunc speculationum, & alibi jam à nobis etiam examinatum excessum, invectus est *Illustriss. Meldens. Episc. Jacob Bossuet* in Instruct. sur les états d'Oraïs. l.2. c.2. & sq. p.38. in Tract. de nov. quæst. I. P.I. c.3. & 5. Cumque *Illustrissimus Archiep. Cameracensis*, vir subtilissimus, Quietismum hunc mitigatum iret in *Explicat. des Maxim. des Saints sur la vie inter.* jure à *Meldensi* ei fuit contradictum. Non enim quæritur, nec videndum, an in Contemplando conceptus sic formare & ordinare de facto, & artificiose possimus, ut perfectis animabus Christus subtrahatur; sed an sic formari debeant? id quod pernegamus. Alius *Quietisticæ* Theologiæ excessus est, quando suis *Spiritualibus* ejusmodi Ἀπάθειαν tribuunt, quam in hanc vitam cadere posse, nec nos concedimus; nec cordatiores ex Romano-Catholicis concedent. Sic enim ipse *Molinos* in Manud. Spir. l.3. c.2. §.7. *in via*, inquit, *interiori ita stabilitur virtus, adhæsiones eradicantur, destruuntur imperfectiones.* Certe si Propositiones condemnatæ ab Innocent. XI. & *Molinoso* imputatæ, recte sunt relatæ, non abs re Dn. *Bossuetus*, Meldens. Episc. in Instruct. sur les état &c. l.10. c.1. p.372. sqq. conformitatem *Begardorum* & *Quietistarum* instituit. De quo prolixius agere hujus loci jam non est.

§. XXVI. III. Species *Theologiæ Mysticæ* excessu peccantis, & hoc respectu *Mataeologia*, est Fanaticorum, *Böhmij* & *Böhmistarum, Weigelij,* & ipsius asseclarum; *Hoburgij,* qui tandem Mennistarum concionator factus, in horum communione Domino suo cecidit, memorante *Gottofr. Arnoldo* in Hæresiol. P. III. c.13. n.18. f.129. *Horchij* etiam, atque fratrum *Societatis Philadelphicæ*; *Quackerorum* item, & similium Pietastrorum; *Antoinetta Burignonia,* & aliorum. Quanquam enim insignem præ se hi tulerint, ferantque sanctitatem, vitæ & morum, quin & dictorum in scriptis suis; ista tamen species fallax est, dijudicanda ex,

& se-

& secundum doctrinam fidei. Quæ enim *pia* dicta videri possint, qualia multa in Fanaticorum scriptis occurrere non nego, non statim sunt *pie*, ex vera fide scil. dicta, ita ut autorem à Fanatismo absolvere possint; præprimis si contra interdictum Pauli 2. Tim. 1, 13. ab ὑποτυπώσει τ̔ ὑγιαινόντων λόγων abeunt, καινοφωνίαν & κενοφωνίαν itidem Apostolo prohibitam sectati, id quod citatos Mysticos Matæologos facere, neminem latet.

§. XXVII. Sæpius productus *Autor literarum sur les princip. & Caracter. des princ. Auteurs Mystiq.* §. 84. *Burignoniam* magnis quidem prosequitur laudibus; sed ei opponimus judicium Dn. D. *Speneri*, Theolog. Bedenck. P. I. c. 1. sect. 69. Scriptis sane suis Fanatica hæc mulier, quam in Ecclesia tacere decuisset, *divinam autoritatem* tribuit. Sic enim im Gezeugniß der Warheit p. 106. n. 454. *Man kan von meinen Schrifften sagen, daß sie eine nevve Heilige Schrifft sind, die ohne zuthun der menschen von Gott kömt.* Similia passim arrogantissima *Prophetissa* sibi tribuit. Quod attinet articulum de SS. Trinitate, Sabellianorum, & aliorum veterum Hæreticorum impietatem fovit in eod. l. qui dicitur Gezeugniß der Warheit. p. 563. n. 1085. *Man kan*, inquit, *die Dreyeinigkeit Gottes setzen in den dreyen ständen Jesu Christi, und nennen seine Gottheit Gott den Vatter. Diese Gottheit in seiner herrlichen Menschheit Gott den Sohn; und dieselbige Gottheit in seiner sterblichen Menschheit Gott den Heiligen Geist.* Negat equidem *Autor literarum* cit. §. 88. p. 109. exinde pro Fanatica habendam esse *Burignoniam*, quod *Spiritus Sancti inspirationes se habere declaraverit*. Sed quando imaginarias tantum illas fuisse negat, hoc ipso & se à Fanatismo non esse immunem; prodidit.

Nobis sit hic

FINIS.

De hodierno Origenismo,
Chiliasmo, Syncretismo,
et Pietismo, Theses.

THESIS I.

§. I.

Autor novissimus lib. qui inscribitur Ἀποκατάστασις πάντων, oder die Wiederbringung aller Dinge; ut &, qui *membrum Societatis Philadelphicæ* se vocat, editor deß ewigen Evangelii der allgemeinen Wiederbringung aller Creaturen; cum tam Diabolis, quam hominibus damnatis, liberationem ab æternis cruciatibus virtute meriti Christi pollicentur, peccato lapsarum, & corruptarum creaturarum, sive homines sint, sive angeli, restitutionem in priorem integritatis statum generalem fingentes, finitis omnibus pœnis, quas post hanc vitam infinitas fore in damnatis pernegant; gratis hoc nomine provocant ad Act. 3, 21. ubi mentio fit χρόνων ἀποκαταστάσεως πάντων. Universalitas enim hæc satis restringitur per proxime sequentia verba, quando additur: ὧν ἐλάλησε ὁ θεός. Jam vero DEUS Diabolis, & damnatis, per Prophetas nunquam liberationem ab æternis, & infinitis pœnis promisit. Ergo nec ad horum restitutionem in priorem statum gratiæ, hæc ἀποκατάστασις extendi potest. Debent proin τὰ πάντα intelligi de illis, quæ restitutionis hujusmodi sunt capacia; quod aliunde, nec ex hoc loco probari debet, imo nec ex hoc potest. Contra *Poiretum*, & alios. Interpretatio quæ relativum ὧν refert ad remotius χρόνων, coacta est, & plus violentiæ habet, cum nostra naturalis sit, & rite fluat.

§. 2.

Idem Ἀποκαταστάσεως Autor im Gespräch von der Wiederbringung aller Dinge. f. 254. f. 284. §. 2. quando post factam damnatorum hominum restitutionem in pristinum, ex quo exciderunt lapsu Protoplastorum, statum, *futuram* Diabolorum, deposito *Diabolismo*, qui malorum Angelorum *accidens* est, *conversionem* his fingit verbis: Solches gibt uns auch die ursach an die hand, warum keiner von den gefallenen Engeln biß hieher sich bekehret hat, noch nach so vielen grossen æonen sich bekehren werde, onternso lange als ein abgesagter Feind werde gehalten werden, biß ihm

ihm alles was er von Gottes creaturen geraubet, entnommen sey, und biß er mit seinen Engeln sein reich, dessen gröseste macht in der verführten menschen mänge bestehet, verstöhret sehe, und erfahre, wie alles verführte wieder zu Gott durch Christum gebracht worden. Da, da wird er, der so alleine und verlassen sitzet, in sich schlagen, und sich Gott auffgeben, und für ihm sich beugen, welches dann der weg ist, dadurch ihm nachgehends mag geholffen werden. Jetzo aber ist und bleibt er noch ein abgesagter Feind &c. & in §. seq. 3. ita loquitur: Wann er aber nach langer zeit, und ausgestandenen Gerichten sich zu den füssen Christi leget, und unter sein haupt in der ordnung wiedergebracht wird, so wird der in ihm verschlungene und untergedruckte Göttliche funcke, und doch verborgene licht, welches in ihm finsternuß worden war wieder erwecket, und muß ihm eben daß bey solchem stande der wiederkehrung zum guten dienen, was ihm zur straffe gegeben war, wie es denn das grösseste kunststuck unsers Gottes ist, das er aus dem bösen was gutes herfür bringen kan: His, inquam, verbis quando citatus *Autor* utitur; quo id quod intendit, obtineat, distinguit equidem inter *Diabolos*, qua tales scil. & *angelos lapsos*; horum non illorum futuram asserens conversionem, licet hi etiam facti fuerint Diaboli. Verum cum hi angeli lapsi ἐκ ἰδίων, *ex propriis*, peccaverint, ἀνθρωποκτόνοι existentes ἀπ' ἀρχῆς, *ab initio*, Joh. 8, 44. quod singulari quadam ratione Diaboli κακαγγέλα malitiam specificat, non solum ultimi omnium, post cæterarum creaturarum, misere à malignis his spiritibus seductarum, restitutionem essent restituendi, si aliqua speranda illis foret; sed divino insuper judicio visi hinc sunt non miserabiles, Gen. 3, 13. sq. Quin & videri etiam tales potuerunt, cum non secundum æternæ misericordiæ tantum, sed etiam æternæ suæ justitiæ dictamina, isti non contraria, suum Deus formet judicium punitivum. Nec τὰ βάθη τοῦ Σατανᾶ, de quibus Apoc. 2. 24. satis perpendit, qui credit, vel fingit, malorum & damnatorum Angelorum Principem, humano genere restituto, ubi solum se relictum superesse viderit, ad saniorem mentem redeundo, DEO, Domino suo se subjecturum, & ad pedes ejus se prostraturum esse. Idem de *residua lucis scintillula*, tenebris licet oppressa, quam ex fanaticæ mulieris *Joanna Leade* scriptis Autor fingit, f. y 8. P. I. *Apocatast.* censendum. Facilius enim id fingitur,

quam

quam probatur. Sicut enim boni angeli in bono ita sunt confirmati, ut in æternum amplius non excidant; ita mali in malo ita sunt roborati, ut in æternum amplius non redeant; sed à DEO aversi maneant. Recte *Damascenus* Orth. Fid. l. 2. c. 4. quod *hominibus mors est, hoc angelis lapsum extitisse* affirmat. *Post lapsum enim præclusa jam est illis omnis resipiscendi facultas, quemadmodum & hominibus, postquam ex hac vita migrarunt.*

§. 3. Graviter, uti par est, in disciplinæ hujus sectatores jam olim etiam invectus B. *Augustinus* l. de hæres. c. 43. quis Catholicus, inquit, Christianus vel doctus, vel indoctus, *non vehementer exhorreat eam, quam dicit* Origenes *malorum purgationem, id est, etiam eos, qui hanc vitam in flagitiis & facinoribus, & sacrilegiis atq; impietatibus quamlibet maximis finierunt, ipsum etiam postremo Diabolum, atq; angelos ejus, quamvis post longissima tempora purgatos atq; liberatos regno DEI lucis, restitui.* Contra hodiernos *Neorigenistas, æterni Evangelij* perverse explicati *assertores*; *Societatis Philadelphicæ socios*; & superiorum temporum Anabaptistam *Denckium*: Fanaticas item mulieres, *Anton. Burignon.* & *Joannam Leaden*; illam *Belgicam*, hanc *Anglicam*.

§. 4. Eadem, de qua §. superiori *Joanna Leade*, mulier Anglica fanatica, in l. de Vit. Enoch. pro restitutione lapsorum & damnatorum κακαγγέλων tandem futura liberatione urget Ephes. I. ý. 10. collatum cum Coloss. I, 15. sqq. quod etiam *Autor* Ἀποκαταςασ. πάντων facit l. c. P. I. f. 114. §. 2. & §. 4. sq. Cum enim Col. 1, 20. dicitur, δἰ αὐτοῦ ἀποκαταλλάξαι πάντα, nimirum τὰ ἐν οὐρανοῖς, καὶ τὰ ἐπὶ τῆς γῆς. Col. 1, 16. Ephes. 2, 10, εἰς αὐτὸν, quod Patri scil. *complacuerit omnia per Christum reconciliare in ipsum, sive quæ in cœlis, sive quæ super terra sunt*; & quod Christus sit εἰρηνοποιήσας διὰ τοῦ αἵματος τοῦ σταυροῦ αὐτοῦ, *pacem fecerit per sanguinem crucis suæ*; inde colligit, pretium redemptionis à Christo etiam pro Diabolis & angelis damnatis esse solutum. Sic enim infert: *Und eben aus diesem grunde ist es nicht nöthig, daß Christus von neuem einmal für die Engel, und deren Sünde sterbe, weil sein blut, und das pretium redemptionis so gültig, daß sie zugleich ihre versöhnung darinnen schon eingeschlossen finden, wann sie zu ihrer Zeit einmal von den Teuffelischen Sünden, und Unarten erlöset werden.* Verum imperite ex infinitate valoris, pretii, & fructus

satis-

satisfactionis Christi fit argumentatio ad persolutionem lytri pro peccatis Diabolorum, cum id prius probari debeat, κακαγγέλως esse judicio divino miserabiles, quod ex scripturis non probabitur. Nam loca producta quod attinet, & quidem I. primo Ephes. I, 10. ἀνακεφαλαίωσις τ πάντων, revocatio omnium sub unum caput, sub quo per creationem primo fuerant constituta, non est Dæmonum, sed ad τὰ ἐν τοῖς ἐρανοῖς, ἢ τὰ ἐπὶ τ γῆς, h.e. ad angelos, qui in cœlis vident faciem Patris nostri cœlestis, Matth. 18, 10. & homines tantum, ab Apostolo restringitur. De angelis damnatis altum hic silentium. II. Deinde quando Colos. I, 16. & 20. dicitur, quod sicut *per Christum*, ἐν αὐτῷ ἐκτίσθη τὰ πάντα τὰ ἐν τοῖς ἐρανοῖς, καὶ τὰ ἐπὶ τ γῆς, *omnia sunt creata, quæ in cœlis & quæ in terra, ita per ipsum omnia sint reconciliata in ipsum, facta pace per sanguinem crucis Christi*, εἴτε τὰ ἐπὶ τ γῆς, εἴτε τὰ ἐν τοῖς ἐρανοῖς, *sive illa super terra, sive in cœlis fuerint*; rursus illa universalitas, de qua Apostolo sermo restricta est, nullo indicio extendenda ad damnatos, sive Diabolos, sive homines: sed ad DEUM, angelos, & homines tantum, cum damnati neque ad τὰ ἐπὶ τ γῆς, neque ad τὰ ἐν τοῖς ἐρανοῖς referri queant. Præterea III. ista *reconciliatio* atque *pacificatio* omnium, quæ scil. reconciliari poterant, tam *in terris*, quam *in cœlis*, non eodem modo quoad ista omnia se habuit. Angeli enim qui in veritate perstiterunt, cum DEO reconciliari non debuerunt, nobis vero reconciliatio cum DEO erat necessaria; & DEO nobiscum reconciliato, etiam nobiscum angeli sunt reconciliati, ita ut horum, qui DEO offenso, etiam erga nos offenso animo fuerunt, Gen. 3, 24. reconciliatio, & quæ cum his nunc hominibus pax intercedit, etiam inter fructus meriti & crucis Christi referri debeat. Pacem hinc *terræ* annunciarunt nato Christo, Luc. 2, 14. eximie sic notante h. l. *Theophylacto*: *Super terra pax nunc facta est & cum prius humana natura DEO fuerit inimica, nunc ita conciliata est, ut & DEO adjuncta sit, & incarnato unita.* Vides igitur *pacem DEI cum homine*. Præclare etiam idem Col. I. v. 20. scripsit. Disserens enim quo pacto *Cœlestia* sint, & dici queant conciliata, erat, inquit, *nimirum ingens inter terram & cœlum dissidium, & angeli adversum homines depugnabant, quippe qui eorum Dominum spectassent injuriis, & contumeliis affectum, & morte demum;*
nunc

nunc vero lætantur nostra salute Luc. 15. & sunt πνεύματα λει-
τουργικά, Spiritus ministratorij, in ministerium emissi propter eos, qui
hæreditaturi sunt salutem, Ebr. 1,14. Add. etiam Chrysost. ad Col.
l.c. Gratis erga ab *Origene*, & *Origenistis* recentioribus, verba
hæc ad homines & Diabolos trahuntur.

§. 5. Patet etiam quid Ἀποκαταστάσεως πάντων Autori respon-
dendum sit, quando l.c. P. I. f. 115. §. 5. sic insert: *Weil nun die
ungefallenen Engel und Fürstenthümmer kein objectum der versöhnung seyn, als die nicht gefallen, noch gesündigt, und keine versöhnung von nöthen gehabt haben, so müssen es die gefallenen Engel seyn,
die durch Christum und zu Christo versöhnet sind, und dermaleins der
Krafft seiner versöhnung theilhafftig werden zu seinem preiß, und
seines Nahmens verherrlichung.* Fallitur enim scriptor, fingens,
& sibi persuadens, angelos fuisse objectum reconciliationis
cum DEO, quasi is iisdem per crucem & mortem Christi pro-
pitius debuisset reddi; quos cum hominibus reconciliatos fuisse dici debet, *cum quibus etiam & nos reconciliati sumus per Christum*, monente B. D. *Calovio* h. l. Stat nobis hæc assertio ex Ebr.
2, 16. 17. Sicut per assumtionem angelorum hominum redemtio fieri neque potuit, neque debuit, sic exigente divina
justitia; ita Diabolorum redemtio neque potest, neque debet
fieri per assumtionem seminis Abrahæ. Debuit namque Re-
demtor esse Goel, & fratribus redimendis etiam per omnia similis reddi; *ita nimirum hoc exigente justitia divina.* Conf. B. *Seb.
Schmid.* Comm. ad Ebr. 2. p. 298.

THES. II.

§. 1.

Inepte *Autor* libelli, qui inscribitur: Freymüthige Gedancken
einiger Freyer Sudländer oder Severambes über den Statum
Religionis in Teutschland/ worinnen fürnemlich die *Religio pru-
dentum* defendiret/ und approbiret wird/ herauß gegeben von
sInCero ab arBore 1701. Autor hic J. C. B. dicitur esse quidam
Jurisperitus in Principatu Anhaltino agens, secundum profes-
sionem externam *Reformatus* quidem, secundum internam autem, si ex fructibus de arbore judicandum, Atheus, & Empecta:
Autor hic, inquam, inepte à *Philosophia Eclectica* argumentatur
ad

ad *Religionem Eclecticam*; quasi illa data vel concessa, hanc quoq; concedi necesse sit. Etsi enim quod Philosophiam Eclecticam attinet, verum sit, quod *Lactantio* etiam visum l.7. c.7. *universam scil. veritatem per Philosophorum Sectas esse divisam; ita ut nulla secta fuerit tam devia, nec Philosophorum quisquam tam inanis, qui non viderit aliquid ex vero*; ita ut non abs re *Clemens Alexandrinus* electionem in Philosophia etiam probaverit: Alia tamen ratio est Theologiæ, & Religionis veræ, quæ non corruptæ rationis dictaminibus, sed ex revelatione divina, eaque infallibili dependet, ut & verbo DEI scripto sufficienter claro, quod nos certos, Luc.1,2.3. non dubios reddit; cuique debemus hinc attendere ὡς Λύχνῳ φαίνοντι ἐν αὐχμηρῷ τόπῳ, tanquam *lucernæ lucenti in loco caliginoso*. 2. Petr. 1,19. Sane sicut inepte electio viæ ad ambulandum instituitur, si non nisi una datur, eaque Solis luce, vel alia satis clare, & infallibili indice monstratur; sic non datur electio in articulis fidei, atque credendis, in scripturis satis perspicue contentis, atque ad salutem æternam pertinentibus, ad quam non nisi una via datur, Christus scil. Joh.14,6. eaque luce viali scripturæ sacræ sufficienti clarissime ostensa, quam citra aberrandi periculum tutissime, & unice sequi licet, sine ulla instituta electione, quæ inter plura tantum locum habet, 2. Petr. 1,19. Ps. 119,105. cum verum non nisi unum sit.

§. 2. Nec est quod dicas, *veritatem quoad credenda, agenda, & speranda, esse per sectas Christianorum sparsam & diffusam, & ex iisdem colligendam, & redigendam in unum corpus, uti in veritate Philosophica* colligenda id fieri solet. Nam qui sic statuit, ille necesse est statuat etiam, nullum cœtum hodie in orbe visibilem religionem & Theologiam, quoad substantiam fidei, quæ creditur, integram habere; & non solum neque Romano-Catholicos, neque Reformatos, neque Socinianos, neque Arminianos, neque Quackeros, neque Mennonitas, sed nec Lutheranos ipsos, quoad capita religionis Christianæ recte sentire, & proinde *Prudentem* nullius religionis placitis per omnia assentiri, sed eligere potius debere optima quæque, prudenti adhibito judicio, quæ per omnium religionum professiones sunt dispersa; id quod recenti Empectæ *Fridlibio* etiam non displicet in l. de Indifferentism. Id vero falsum est, & quæ sic instituitur electio,

non

non est veri dogmatis præ falso, sed, cum ut loquitur B. *Theodoretus* t.IV. opp. f.321. πολυρϱιδὲς ᾧ ποικίλον τὸ ψεῦδΘ-, *multiplex & varium sit mendacium*, erroris potius, qui impietati, vel vanitati eligentis præ alio magis respondet, instituta electio.

§. 3. Nos etiam, qui illam solum religionem & Theologiam pro vera agnoscimus, quæ ex scripturis sacris in libris Symbolicis Ecclesiarum invariatæ August. Confessioni, in Formula Concordiæ explicatæ, addictarum continetur, reponimus hujusmodi *Latitudinariis*, religionis *Herberti de Cherbury* Universalis fautoribus, ulterius, quod si quis veritatem doctrinæ Christianæ, quam *Universalista & Indifferentista* per omnes, quas sic vocant ex singularitatis studio, & contemtu aliorum, sectas diffusam esse temere & falso garriunt, in unum redigeret corpus, non alia esset proditura, quàm in libris istis nostris symbolicis ex scripturis sacris docetur. Referimus huc quoque verba *Lactantÿ* l. 7. c. 7. *Hoc, veritatem* scil. *sparsam per singulos, per sectasq; diffusam in unum colligere ac redigere corpus, nemo potest, nisi veri peritus, ac sciens*, h. e. nisi sit ex scripturis sacris Theologice satis doctus. Veram Theologiam scire non nisi ejus est, qui sit doctus à DEO. Talis cum non nisi ὄντως falsa sit repudiaturus, & non nisi ea quæ sunt ὄντως vera probaturus, non nisi nostram Evangelicam eliget religionem. Insuper cum, si quid in aliis disciplinis illorum, qui Christiani volunt audire, habetur quod verum sit, idem etiam in nostra Theologia docetur; supervacanea est hæc electio, & ex aliis religionibus excerptio, cum in vera id jam continetur Theologia. Debemus quidem sufficienti, discernendi, & dijudicandi lumine ex scripturis instructi *spiritus probare, an ex DEO sint*, 1. Joh. 4. omnia etiam probare, id vero tantum quod bonum est retinere; sed hoc male applicatur ad excerpenda ea quæ, cum in aliis religionibus continentur, Evangelicæ contrariantur. Sufficienti etiam lumine ex scripturis instructus spiritus probans, non nisi Evangelicæ veritati addictos audiendos esse censebit. Ita aliud est, unam præ alia eligere religionem; aliud veræ & falsarum religionum capita ita discernere, ut quæ ex illis, sive vera sive falsa sint, ideo tantum, quod præ aliis homini in rebus ad religionem pertinentibus male informato arriserint, eligantur. Bene

B   fece-

fecerunt Berroenses Act. 17, 11. quod scripturas scrutando explorarint, *num ita se haberent*, quæ Paulus docebat, quæ prudenti facta electione erroribus, quibus innutriti hactenus fuerant prætulerunt; sed non leguntur ex doctrina Pauli, & erroribus Judæorum & Gentilium illa excerpsisse dogmata, quæ præ aliis placuerant, ad peculiarem pro placito cudendam religionem, ita ut monstrum à monstro excipiatur, Indifferentismo progenerante Eclogismum, hoc exeunte in Syncretismum, idque sæpe sub facie Pharisaismi, sive Pietismi.

§. 4. Hujusmodi religionis *Eclecticæ*, ex variis centonibus consutæ, specimen præbuit *Secta Ebionæorum*, cujus autorem *Epiphanius* t. I. hær. 30. f. 125. hoc nomine πολύμορφον τεράτιον, ἢ τῆς μυθολογικῆς πολυκεφάλου ὕδρας ὀφιώδη μορφὴν ἐν ἑαυτῷ ἀνατυπωσάμενον, *multiplex monstrū & fabulosa illius ac multorum capitum hydræ serpentinam in se figuram exprimentem* appellavit. *Quicquid enim unaquæq̃ hæresis horrendum imprimis & exitiabile ac detestandum asserit, turpe inquam & absonum, absurditatisq̃, plenum & odiosum, è singulis dogma concinnans, omnium in se formas speciesq̃, transtulit.* Pergit vero *Epiphanius* nobile hoc Eclogismi specimen ulterius sic explicare: *Nam*, inquit, *Samaritanorum impuram superstitionem affectavit. A Judæis nomen accepit. Ab Ossæis, Nazaræis, & Nasaræis dogmata. Cerinthianorum deinde formam, Carpocratianorum nequitiam, Christianorum deniq̃, appellationem usurpare contendit.* Imitata est vanum hujusmodi Eclogismum *Carpocratea Marcellina*, quæ B. *Augustin*. l. de hæres. c. 7. *imagines JEsu, & Pauli, & Homeri & Pythagoræ coluisse dicitur.* Nec aliam quam fœdam crassi alicujus Eclogismi speciem refert *Alcoranus Muhammedis*, impostoris maximi. Hic enim, ita censente *Spondano* ad ann. 630. n. 2. *ut populos omnes alliceret, ex cunctis ferme aliqua miscuit: Nempe ex Judæis circumcisionem, DEI unius cultum, abstinentiam à carne suilla: ex Christianis nomen Christi, ita tamen ut eum sicut Ariani, & Nestoriani, coleret: Ex Manichæis, ut nequaquam cruci Christum affixum crederet, sed umbram ejus, penitus crucem abominatus.*

§. 5. Alia ratio est Philosophiæ Eclecticæ. Hic enim cum beneficio luminis naturalis, sive theoretici, sive practici, quod est lumen veri atque recti, semenque boni, verum à falso bonumque à malo discerni soleat; & vero, cum lumen hoc tenue, ñue, sæpius insufficiens sit, nec ad omnia specialia & particularia pertingat, ita ut *Seneca* etiam monente Epist. 120. *semina scientiæ nobis det, scientiam non det*, insigni hinc in judicando humanus intellectus laboret imbecillitate, dubitatur hoc nomine sæpius, honestumne factu aliquid sit, an turpe, *ita ut animi sæpe in contrarias sententias distrahantur*, notante ipso *Ciceron*. 1. off. 3. ne de aliis impedimentis quid dicam. Longe vero aliter se habent hæc in Theologia revelata. Datur enim hic lumen cœleste ex cœlesti revelatione, per ἔλαμψιν Spiritus Sancti in luce verbi negotiosam, *Danub*. Hod. p. 18. non ex corrupta ratione, uti lumen Philosophicum, natum. Ibi datur *fides* 1. Tim. 3,9. hic scientia. Evidens hæc est, argumentativa ex suis causis: Illa certa est, nixa autoritate divina, quæ fallere nescit. Unde licet non sit evidens Ebr. 11,1. sed ænigmatica & specularis, 1. Cor. 13,12. electionem tamen indifferentem, ut eligas id, quod rationi præ alio placet, non admittit. *Ad legem enim & ad restimonium* adstringimur, Jes. 8,20. Hoc cum clare & perspicue ea tradat, quæ scitu, creditu, factu & speratu necessaria sunt, ut nulla sufficiens dubitandi detur ratio, electio, qualem *Indifferentistæ & Eclogarij* fingunt, non est necessaria. Scientiam autem Philosophicam quod attinet, cum hæc ex suis causis evidens sit; hæ vero sæpius lateant, contingit hinc, ut pro Junone nubem mortales apprehendant, argumentantes ex non causa ut causa; vel pro vera scientia opinionem suam tantum, cum formidine oppositi conjunctam, aliis exponant. Hinc cum, *Tacito* 4. Annal. 33. etiam observante, *pauci prudentia, honesta à deterioribus, utilia à noxiis discernunt, plures aliorum eventis docentur*, recte fit, ni falli velimus, ut prudenti adhibito judicio id præstemus, & ex pluribus id eligamus, quod optimum & præstantissimum nobis videtur, cum in rebus ad religionem pertinentibus id tantum eligendum, quod DEO ita placuit, citra nostram electionem, ad credendum & agendum proponere.

Thes. III.

Vir Clarissimus, Dn. *Benedict. Picter.* Theologus Genevensis Celeberrimus, in tract. de Consens. & Dissens. inter Reform. & A.C. fratr. c. 7. p. 108. *quomodo & quibus mediis pax Eccles.*

inter Protestantes iniri possit disputans, optandum inquit, *esset, ut res ista per Politicos potius, quam per Theologos tractaretur, aut seligendi essent Theologi mitioris ingenij.* Quod de *Theologis* quibus *mitius est ingenium* notat, aliorum discussioni relinquitur. Idem ante Dn. Pictetum placuit *Diestio* in dissert. de lit. & pac. relig. Evangel. p.217. Hoc vero elogio viris his alii digni non sint, nisi proditores veritatis, & quibus male sanus placet Syncretismus. Cum vero Concordiæ Ecclesiasticæ negotium per Politicos tractari mavult, in eo nuperrime asseclam nactus est quendam *Autorem der gründlichen Vorstellung/ welches eigentlich daß einzig wahre Mittel zur Vereinigung der beeden Evangelischen Religionen in Teutschland sey/ und warum alle in dieser Sache bißhero gethane Vorschläge fruchtloß abgangen. Gedruckt anno* MDCCIII. Misso vero hoc, quod hic tenebrio, politica styli licentia usus Syncretistice, duas fingat religiones Evangelicas, à se invicem dissidentes, cum non nisi unum Evangelium, idque indivisum in se, divisumque à quovis alio agnoscere debeamus, Gal. 1. *Particularistarum* etiam Evangelium vere Evangelium non sit, ceu scripturis ignotum. Sed misso hoc, notamus, quod, cum autor hic §. 1. asseruisset, *ad summum magistratum spectare jus reformandi, cujus pars compositio amicabilis dissidiorum in causa religionis*, postmodum *de modo tractandi negotium* hoc etiam agens, *ad id Theologos non esse admittendos* contendat, consilio plane perverso. Sane sicut ex hoc, quod Magistratus suum jus habet circa Ministerii constitutionem, & ministrorum vocationem, elicere id non licet, ministros Ecclesiæ ab hoc negotio esse excludendos; ita licet ad summum Magistratum etiam pertineat jus Reformandi; cujus pars an sit compositio amicabilis dissidiorum circa religionem exortorum, adhuc disputari potest; ab eo tamen, & ejus exercitio, ministerium Ecclesiasticum, nisi Καισαροπαπιαν exercere velit, excludere nullo jure potest. Mixta enim hæc causa est, nec mere civilis. Promulget Magistratus summus initam concordiam, factamque pacem Ecclesiasticam, servandamque inter cives esse pronunciet cum imperio; dirigat etiam directione externa, ceu status Christianus, universum negotium Irenicum; à ministeriali tamen opera in hisce tractatibus pacis Ecclesiæ ministros, sine

gravi

gravi illorum, imo totius Ecclesiæ injuria, abesse non jubebit. Nam & ex generali quodam, omnibus Christianis comuni, & ex peculiari & proprio, ex indole hujus negotii singulari, divinitus concesso, & à persona illorum inseparabili quodam jure, illis causæ hujus cognitio, & causæ meritorum dijudicatio, quin & decisio quoad ea, quæ Ecclesiarum consociationem impediunt, ideo scil. quia Theologi sunt, competit. Cooperatio in actibus mixtis, qualis omnino est hoc Pacificationis Ecclesiasticæ genus, de quo agimus, quæ Magistratui divino jure competit, suo jure ministerium Ecclesiasticum non privat. Non negatur, ad Magistratum pertinere judicium de religione, & controversiis fidei; sed non solum. Imo tutius juris hujus exercitium Theologis committitur.

§. 2. Idem Vir Clariss. in l. quo agit de *B. Lutheri & Calvini consensu in Quæstionibus de Prædestinatione, & Redemtione Jesu Christi,* non solum quod hunc consensum attinet, c.3.sq. antiqua repetit cum ex l. *B. Lutheri de serv. arbitr.* tum ex aliis locis, ad quæ nostrates non semel responderunt, & inter illos etiam Dnn. Wittebergens. Theologi, Antapol. c. 6. & B. D. *Seb. Schmid.* in annot. ad l. *Luth.* de serv. arb. quem nos vindicavimus contra Exceptiones *Petri Ivonis,* Labadistæ, in Ep. de Prædestinat. Præfat. factas, in nostra Repetit. doctr. de Elect. p. 142. sed etiam ex nimio affectu erga concordiam Ecclesiasticam, quocunq; modo obtinendam, talia ponit postulata, quæ à cordatioribus, quos nimiu studium Syncretismi non abripuit, non impetrabit. Cap. 7. enim contendit, quod *dogmata, quæ ab Augustanis credenda proponuntur, & quæ à Reformatis plerisq; non admittuntur, scitu ad salutem non sint necessaria; nullam* inferens esse *rationem iis denegandi communionem, qui quædam dogmata scitu non necessaria ad salutem non possunt admittere.* Manifeste enim falsum est antecedens, ita crude positum. Quod enim per se necessarium est ad fidem salvificam consequendam, id etiam necessarium est ad salutem. Dogmata vero illa, v.c. de *gratia DEI patris cœlestis Universali; de Universalitate meriti Christi,* ita comparata sunt, ut per se censeantur necessaria ad concipiendam fidem salvificam ad salutem necessariam. Sane ad salutem scitu necessarium est, Christum esse pro me mortuum, & Patrem cœlestem me serio, & voluntate beneplaciti,

placiti, velle salvare. At sine Enthusiasmo per Reformatorum dogmata hoc scire non possum, nisi sciam, DEUM serio velle omnes homines salvos; & Christum pro omnibus sanguinem suum effudisse, quod *Particularistæ* ignorant, ignorantia pravæ dispositionis. Tollit sane, & impedit *Particularismus* ordinem, per quem in tempore DEUS ad salutem nos perducit. Pergit c. 8. urgendo, quod, *etsi daretur, Reformatorum sententiam esse errorem, talis tamen non sit error, qui illos à communione fratrum*, Lutheranorum sc. *arcere debeat*. Rationem dat hanc, quod *errores illorum non sint fundamentales*. Esse vero fundamentales, satis sæpius ostensum est, quod gravissime impingant in doctrinam, & partes doctrinæ, ex qua unice fides justifica & salvifica exoritur, ita ut ex illa sic corrupta neque concipi, neque augeri, neque foveri fides possit. Merito vero communione Ecclesiastica illi arcentur, qui tam periculosam, & fidei salvificæ noxiam secum ferunt doctrinam, secundum 2. Joh. ℣. 10. Addo: Cum ad Ecclesiæ unitatem requiratur Unitas sacramentorum, Eph. 4, 5. Evangelicarum & Reformatarum Ecclesiarum *consociationem*, ut *Hoornbecki* in hoc negotio voce utar, fieri non posse, quod sic consociatis Ecclesiis desit unitas sacramentorum. Non eandem vero S. Cœna, sed essentialiter à nostra diversam, Reformatos habere, sat notum est: Cœnam nimirum cœlesti thesauro vere destitutam; quicquid de relativa, & nonnisi verbali corporis & sanguinis Christi præsentia loquantur; *Orthodox*. etiam *Consens*. c. 6. *Christum vere se præsentem in sacramentis exhibere* affirmet: *Baptismum* autem, quem non nisi pro nudo signo, & symbolo habent, non vero, ut revera est, pro sacramento & medio salutis, ad quod DEUS regenerationis gratiam alligavit. Noster Baptismus, à servis DEI administrandus, etiam est Baptismus Spiritus, Joh. 3. non item Reformatis. Conf. *Spanhem* P. III. dub. Ev. D. 39. n. 5. *Walæum* in Enchir. c. 38, t. 1. opp. f. 84. justo vehementiorem Calvinianum, cum *Ubiquitariorum* convitio nostros proscindere non dubitavit; & in Loc. de Bapt. eod. tom. f. 486. Et cum noster baptismus essentialiter etiam constet ex Spiritu Sancto, qui res cœlestis hujus sacramenti peculiari modo, & singulari ratione, & terminative est, uti cum *Hunnio* &

Gerhar-

Gerhardo B. noster D. *Dannhawerus* loquitur in Mysteriol. f. 2. art.3. §.52. p.351. qualem unionem sacramentalem in Baptismo Reformati non admittunt; vid. *Effen.* Theol. Dogmat. c.18. §.17. p.637. ex nostris vero B.D. *Dorsch.* Pentad. dis.4. §.59.62. p.191. nostrum hinc à Reformatorum Baptismo essentialiter diversum esse, recte pronunciatur.

THES. IV.

§. I.

Pietismus, uti hodie vocatur nonnullorum perversus, superstitiosus, intempestivus, & vitiosus, quin & cum Fanatismo conjunctus pietatis collapsæ restaurandæ, & propagandæ modus, ejusque studium irregulare, non debet confundi cum *vera pietatis*, quæ fructus fidei justificantis & Spiritus Sancti est, Deoque placet, studio. Illius asseclæ recte *Pietastri*, vel *Pietistæ*; hujus autem sincere in timore DEI studiosi, & cultores, *Pij* audiunt. Bene nimirum, & vere B. *Dannhaweri* (qui non sine atroci injuria à nonnullis Chiliastis associatur, vel iisdem favisse fingitur, ob verba, quæ leguntur in Hodos. p.1445. in margine, ad lit. *α*. quæ vero *Dannhaweri* non sunt, sed aliunde irrepserunt; cum eo ipso fere tempore, & anno, quo altera & auctior Hodosophiæ editio fuit à typographo absoluta, & sic paulo ante beatam ἀναλύσιν, in *Colluvie Quackerorum*, quam sub ipsius Præsidio in solenni auditorio defendi, Chiliasmum ceu *Cerinthianum, Anabaptisticum*, & *Weigelianum* errorem damnavit) in Mysterio Syncretismi, & sic antequam rixæ *Pietisticæ* hodiernæ natæ erant, sect.3. n.31. *versipellis*, inquit, *ille spiritus in omnia extrema fertur: cum polemica ardent, friget pietas: cum hæc incalescit ac ad Enthusiasmos inclinat,* (ut hodie) *illa proscribuntur. Nunquam tamen ita male cum rebus humanis actum est, quin ex ungue Leonem, ex spuma draconem, ex vestigio feram indagare potuerint, ac discernere verum à confuso, divinum ab humano carnis invento vigiles* τῆ ἀληθείας θεωρηταὶ. *Semper est pes quem tegere non potest is, qui angelum lucis mentitur* &c. Medium inter Epicureorum, quique illis pollicem premunt Profanorum impietatem, & Pharisaicam hypocrisin, in quam Christus invehitur Matth. 23, 5, 24. sqq. Luc. 18, 11. sqq. atque hujus generis

sanctu-

Sanctulos, tenent vere *Pij*, renati in quotidianæ pœnitentiæ exercitio conſtituti, Luc.18.13. Rom.7,22.ſqq. non ſecure agentes, ſed *cum pavore & tremore ſalutem operantes*, Phil. 2,12. His cum hac in vita multi *hypocritæ admixti ſint*, ceu Aug. Conf. art.8. monet, qui haud raro majori ſpecie Pietatis præfulgent præ illis, contingatque hinc haud raro, ut cum vere *Pietaſtri* pro ſincere piis habentur, *Pij* viciſſim *Pietaſtrorum* Catalogorum male inſerantur, ſolicita propterea ſpirituum hac in re probatio eſt inſtituenda, 1.Joh.4,1. Sua hæc ſæpe non caret difficultate, ne ſimpliciores & ſincere pii turbentur, & veræ pietatis ſtudium aliquid detrimenti accipiat.

§. 2. Non male hic diſtinguitur inter *Pietiſmum Veterem*, & *recentiorem*; *craſſum* item & *ſubtilem*; ſectam quoq; *Pietaſtrorum*; & unius alteriuſque, hominis interdum non malæ mentis, ſingularitatem & exceſſum, provenientem ex ἐθελοθρησκείᾳ, verbi divini neglectu, ἰδιογνωμοσύνη etiam ſuperſtitioſa, & metu DEI vano, obſtetricante temperamento Melancholico, cum conſcientiæ timidioris juſto teneritudine conjuncto. *Veteris* Pietiſmi exemplum exhibet v. c. *Montaniſmus*, ad quem Pietaſter factus defecit *Tertullianus*, præfulgidum in Eccleſia ante lapſum lumen; de quo alibi. *Recentioris* vero indicia ſunt tot ſcripta noſtris temporibus edita, partim Pietiſtica, partim Antipietiſtica; & praxis multorum ſingentium peccata ubi non dantur, ſub ſpecie pietatis etiam infantem cum ſordibus imprudenter ejicientium, ad Catharos declinantium, in occulto vero interim Pſychicorum, & *Camelum etiam deglutientium*, coram hominibus vero *culicem excolantium*, Matth.23,24. *Craſſior* Pietiſmus doctrinam noſtrarum Eccleſiarum accuſat, peculiaria etiam, & ſingularia pietatis fovet dogmata, ſcripturis ſacris & Libris Eccleſiarum Evangelicarum Symbolicis contraria, in gratiam vero majoris ſtudii Pietatis excogitata, libertati vero Chriſtianæ adverſa, & ſub pietatis ſpecie propoſita, non ſine Fanatiſmo. Etiam tendit ad Separatiſmum, vitatque, ceu profanos, cœtus ſanctorum, qui cultus divini gratia in Templis convenire ſolent. Talem Pietiſmum foverunt olim Montaniſtæ: Noſtris autem, & recentioribus temporibus, Anabaptiſtæ, Mennoniſtæ, Weigeliani, Quackeri, Labadiſtæ, Burignonia &c. Suſcipit tamen hæc

craſſi-

crassities magis & minus. Ast qui *subtilior* audit, puritano rigore sub prætextu pietatis urget immutationem & abrogationem illorum, quæ salva veritate doctrinæ, salva etiam charitate, & libertate Christiana tolerari possunt; tacite quoque, occultisque artibus pietatem præ se ferentibus grassatur, sumtisque, accedente audacia, superstitione, pertinacia, & impudentia, incrementis, Fanatismum, Ecclesiæ denique & Reipublicæ noxias novitates minatur. Non male ad illos, qui talem colunt foventque Pietismum, applicaveris illud *Heresbachÿ* in Hist. Anabapt. c. 3. de Anabaptistis: NB. *Initio quædam in abolendis abusibus, & impiis moribus, recipiendaq, sincera doctrina, non omnino inepta proponere videbantur.* Sincera hic opus est pietate, quæ vere talis, cura etiam & prudentia, ne, si Pietismum cohibere velis, cum zizaniis ipsum triticum eradices, Matth. 13, 29. & malum impediendo ipsi bono apud simplices obicem ponas. Valet hic illud Poëtæ: *Principiis obsta, sero medicina paratur, cum mala per longas invaluere moras.* Quo enim subtilior, eo periculosior etiam est Pietismus, qui & oculatissimo imponere potest, & imposuit, pertinacissime etiam mentibus mortalium inhærere solet.

§. 3. *Pietistarum* interim nomen non male tunc dicitur esse *nomen sectæ*, quo in disputationibus, concionibus, &c. uti liceat, cum necessitatis in Ecclesia, tum distinctioris disciplinæ ergo, quando tales nimirum revera dantur, qui Pietismo seu crasso, sive subtiliori corde, ore, re pertinaciter sunt addicti, eundemq; sectantur; quibus Elenchus proinde etiam debetur, scripto & voce instituendus. Nec hic officio Spiritus Sancti Elenchtico, de quo Joh. 16. obex poni debet. Dogmatum sane singularitatem, quam plures contra scripturam sequuntur, sectam peculiarè constituere, nemo negabit, qui quid secta dici debeat cognoverit. Hæc cum quoad diversa doctrinæ, & Praxeos Christianæ scripturis ignoratæ, capita B. D. *Alberti,* Dn. D. *Schelwigio* in Sectirisch Pietisterey/ & Synops. Controv. Pietist. notata, hic penes illos, quos *Pietistas* vocant, detur, cui competit definitio, eidem & definitum competere dicimus. Et licet dissensus, qui in hoc certamine Pietistico animos dissociavit, in plenum Schisma, quod DEus etiam avertat, nondū eruperit; periculum tamen

tamen est, ne uti *Puritanismus* peperit in Anglia *Separatismum*, de quo *Hoornbeck* in sum. Controv. L 10. ita in Germania *Pietismi* exitus simile monstrum sit futurus. Nil aliud enim quam majores in Ecclesia turbas hominum horum, juniorum potissimum, male temperatus zelus pollicetur; ob pertinaciam qua laborant, propter quam sine injuria peculiaris sectæ homines appellari queunt. Lucem dictis affundit Historia Ecclesiastica.

§. 4. Illos vero quod attinet, cætera bonos, quos temperamenti vitiosi inclinatio, timidioris item Conscientiæ ἀπείρια, ad inordinatæ pietatis studium, ex inordinato DEI amore & metu impulit, quod lumine divini verbi, quo DEUS σωτηρίως humanis benigne occurrere solet, neglecto, id quod in oculis illorum rectum videbatur, contra Deut. 12, 28. c. 13. 1. eligere maluerint, cum fallaci pietatis majoris apparentis specie decepti, tum quod sanctimoniam ad salutem magis necessariam esse, quam fidem, male, citra tamen pertinaciam, sint persuasi; omni humanitate, lenitate & charitate hi tractandi, monendi, & à præconceptis opinionibus revocandi sunt, explicatis veræ, quæ DEUM per verbum suum autorem habet, non ἀγαθοδαίμονα, in angelum lucis se transformantem 2. Cor. 11, 14. & per corruptæ rationis speciosa dictamina misere illludentem, pietatis characteribus, non statim vero Pietistarum Catalogo & sectæ inserendi. Hoc enim nomine distinctivo non nisi *pertinaces* notandos esse censemus. Tandem abest, ut illos sic vocemus, qui in corruptos seculi mores invehuntur, abusus indies invalescentes, & grassantia scelera convenienti, imo ardenti zelo taxantes. De *seminibus* vero Pietismi, primisque ejus initiis, & quomodo *adultus* opinionum diversitate, exemplo Anabaptismi in diversas abeat familias, & abire inceperit, præsentis instituti non est ostendere.

Addenda ad Thes. 4. §. 1. p. 13.

Atrocem fieri B. *Dannhawero* dixi injuriam à Chiliastis, quando suo ordini B. Virum associatum eunt ob verba, dolose aliunde inserta, quæ leguntur in Hodos. phæn. XII. p. 1445. quando do à resurrectione in novissimo die futura, *excipiendos* ait *illos qui ante diem extremum singulari gratia revixerunt*, e.g. *Moses*, ET FORTE ILLOS, DE QUIBUS DICTUM EST ἔζησαν, *Apoc.*20,4. quæ ultima verba aliunde irrepsisse, non dubito asserere; cum constet, variis artibus tale quid contingere posse, & contigisse etiam, invito Autore, & libri alicujus correctore. Certum est ex scriptis, & disputationib' Orthodoxi, & incomparabilis Theologi, quod ad ultimum usque vitæ vuũ *Chiliasmum* damnavit. In *Christosophia* certe sect. III. p. 355. id ex instituto dedit operam, ut Chiliasmum inepte ex Apoc. XX. (quod caput ex instituto resolvit,) probari ostenderet, ἔζησαν explicans *de testibus veritatis qui vixerunt*, non NB. ἀνέζησαν *revixerunt, & regnarunt, cum Christo his mille annis, quibus Ecclesia inducias agebat, sed non his solum, verum* NB. *in secula seculorum.* Qua fronte ergo in Hodosophia interpolator B. autori diversam attribuit interpretationem ab hac priori. Ibidem Chiliastarum deliria Chiliastica somnia appellavit. Retinuit hanc sententiam cum *Anti-Christosophiam* scriberet, ceu patet ex sect. I. a. 7. §. 55. p. 219. sqq. atque denuo asseruit ib. p. 331. contra Chiliastas. Idem postea fecit in *Christeide*, Chiliasmum, etiam à Cerinthiano diversum, *contra scripturam* esse affirmans, p. 270. & improbans p. 267. in *Piscatore & Bisterfeldio*, quod *Chiliasmum dudum in Ecclesia* NB. *communiter damnatum revocatum iverint*. Hinc in Hodomor. *Calviniana*, quæ An. 1654. prodiit, p. 3332. sq. Chiliasmum à nonnullis Reformatis fotum, ceu suavia somnia, ex sacris literis refellit, *absurdam esse statuens resurrectionem Martyrum ad hanc vitam animalem*; quo ipso additamentum Hodosophicum rursus ceu suppositium convincitur, & contra mentem B. viri verbum ἔζησαν ibi explicari probatur. Ut alia mittamus, ultima disputatio quam calculo suo probavit, fuit illa quam de *Quackerorum Colluvie* ann. 1665. juvenilibus annis conscripsi, qua ad mentem ejus Chiliasmum horum Fanaticorum, *partim Papæ, partim Cerinthianum, Nepotianum, Æternalium, partim deniq; Anabaptisticum, & Weigelianum errorem esse* asserui. Prodiit eodem anno, ut supra dixi, *Hodosophia* secunda B. Autoris cura, sed hoc errore interpolata; qui eo facilius inseri potuit, quod accuratiorem correctionem alienæ curæ comiserat, cum visus imbecillitate laborans, tum negotiorum multitudine obrutus, ratus, qui in sequenti anno 1666. placide in Domino obdormivit. Plura in præsenti non addo.

COROLLARIUM.

Quando Ecclesia sanguinis divini Salvatoris nostri, ritu sacrificiali effusi in redemtionis perpetuæ λύτρον, vim infinitæ virtutis, pretii, valoris, & acquisitionis redemtoriæ considerans, ita canit: Dein Blut der edle Safft/ hat solche Stärck und Krafft/ daß auch ein Tröpfflein kleine/ die gantze Welt kan reine/ ja gar auß Teuffels Rachen frey loß und ledig machen; nemo his in verbis blasphemiam contineri dicet, vel Ecclesiam Evangelicam invariatæ Augustanæ Confessioni addictam blasphemiarum hoc nomine ream aget, nisi qui negaverit realem communicationem divinæ virtutis, infinitæque efficaciæ, atque majestatis, humanæ Christi naturæ per unionem personalem, per quam sanguis hic fit emundatorius, factam; qua negata etiam tertium genus communicationis idiomatum heterodoxe potius, quam orthodoxe explicatur. *Arianos* ut & *Socinianos* impie hic contradicere, mirum non est. Respondemus autem cum B. D. *Dannhawero* nostro ex Christosoph. f. 2. a. 1. §. 9. p. 149. *Fuisset quidem unica gutta sufficiens, si dignitatem personæ spectes*; de qua etiam B. D. *Dorsch.* in Pentad. diss. 7. §. 31. seq. p. 269. disputat, eximie eandem contra *Vazquezium* & *Tannerum* asserens; & B. *Scherzer.* Coll. Anti-Soc. p. 452. sq. *sed non fuisset sufficiens, si respicias divinum decretum, justitiæ ac misericordiæ gloriam, largissime in hac victima demonstraturum.* Nec nostrum hic est divinæ Sapientiæ & Justitiæ terminos figere, aut mensuram præscribere, ita ut nefariæ temeritatis fuerit passionum, sive guttarum mensuram velle definire. Consentit ex nostratibus B. D. *Weinmann.* disser. ad 1. Joh. 1. v. 7. prior. §. 21. D. *Scherzerus* in Colleg. Anti-Socin. diss. 56. p. 459. Rectius illis blasphemia objicitur, qui sanguinem Christi, qui est ἴδιον θεοῦ αἷμα, Act. 20, 28. ἄφθαρτον κ̃ τίμιον, 1. Petr. 1. 18. 19. *in ara crucis effusum computruisse, nec in resurrectione fuisse reassumtum* fingunt: Quod *Calvini, Sadeelis, Perkinsi,* & aliorum emblema esse, notum est, doceturque à *Gerhardo* P. II. dispp. Theolog. Disp. de Resurr. Christ. §. 37. p. m. 1507.

FINIS.

INDEX PRIOR,

continens
ORDINEM DISSERTATIONUM
de LAPSU TERTULLIANI &c.

Et

NOMINA DNN. STUDIOSORUM,
qui respondendo illas defenderunt.

I. De LAPSU MAGNORUM IN ECCLESIA VIRORUM, LAPSORUMQUE CHARACTERE MORALI,
Resp. *M. Bernhardus Welsch*, Norimberg.

II. De LAPSU MAGNORUM IN ECCLESIA VIRORUM, LAPSORUMQUE CHARACTERE MORALI,
Resp. *Johannes Matthias Heuser*, Macro-Schvvalbacens.

III. De LAPSU MAGNORUM IN ECCLESIA VIRORUM, LAPSORUMQUE CHARACTERE MORALI,
Resp. *Johannes Henricus Engelhardt*, Ingovilla-Hanoic.

IV. De INGENII TERTULLIANI CHARACTERIBUS,
Resp. *Johannes Conradus Pfeffelius*, Mundinga-Marchic.

V. De LAPSUS TERTULLIANI AD MONTANISTAS VERITATE, ET QUALITATE,
Resp. *Johannes David Karcher*, Argentorat.

VI. Pars Prior, De CAUSIS LAPSUS, ET USU HUJUS CONTROVERSIÆ,
Resp. *M. Johannes Jacobus Memminger*, Argentorat.
Poster. De USU HUJUS CONTROVERSIÆ,
Resp. *M. Philippus Nicolaus Ebner*, Trarbaco-Mosellan.

VII. De TERTULLIANISTIS,
Resp. *Georgius Philippus Bergman*, Kuzenhausa-Alsatus.

*   AUCTA-

INDEX PRIOR.

AUCTARII DISSERTATIO

I. De SATANA IN ANGELUM LUCIS TRANSFORMATO,
 Resp. M. *Joh. Marcellus Zinck*, Schvvindratzhem. Hanoic.
II. De ENTHUSIASMO DIVINO ET DIABOLICO,
 Resp. *Joh. Christophorus Kauffmann*, Pfortzhem. March.
III. Pars Prior, De SPIRITUS S. TESTIMONIO INTERNO DE SCRIPTURÆ SACRÆ VERITATE,
 Resp. M. *Elias Stæberus*, Argentoratens.
IV. Poster. De SPIRITUS S. TESTIMONIO INTERNO DE SCRIPTURÆ SACRÆ VERITATE,
 Resp. M. *Joh. Georgius Schranckenmüller*, Argent.
V. De THEOLOGIA MYSTICA,
 Resp. *Johannes Fridericus Haug*, Argentorat.
VI. De HODIERNO ORIGENISMO, ECLOGISMO, SYNCRETISMO, ET PIETISMO THESES,
 Resp. *Matthias Heus*, Argentorat.

INDEX

INDEX POSTERIOR,
Autorum & Rerum.

Numerus prior, notat Disp. posterior, paragr. Disp. lit. A. Auctar.

A.

Abbas Corbejensis, A. III. 5.
Abbas Anonymus Arvernus, I. 10. Gothofr. Arnoldo *similis in defendendis hæreticis*, ib. *contra eundem tamen communem Doctorum sententiam sequitur de errore Tatiani circa prohibitionem nuptiarum in se*, ib. *ejusdem Eclaircissemens sur la doctrine, & sur l'histoire Ecclesiastique des deux premiers siecles*, ib. & VII. 3.

Abusus donorum divinitus concessorum, sæpe causa lapsus magnorum in Ecclesia Virorum, III. 20.

Ἀληθείας *vocis vera significatio*, A. I. 23. Heinsii *explicatio de humili, & abjecto, minus accurata*, ib. *melior & notior D. Seb. Schmidii, de homine inutili, & non frugi*, ib.

Acontius Jacob. *de Stratagem. Satan.* A. I. 6.

Adami Melch. *Vitæ Theolog. German.* III. 2. 5. 10.

Adamiani, A. I. 20. *jactarunt statum integritatis*, ib. & 24. *exemplum transfigurationis Satanæ in Angelum lucis*, ib.

Adelphius *de Messalianis hæreticis* A. I. 20.

Adulatio non est vera & infallibilis nota pravi spiritus, A. II. 23.

Ægyptiorum disciplina de generatione Dæmonum, VII. 11.

Agapetæ Virgines, VI. Pr. S. IV. 8.

Afflatus divini immediati, res fidei concernentes, in Ecclesia hodie non admittendi, A. II. 15.

Agenda Ecclesiastica Argentorat. A. II. 35.

Albaspinæus, IV. 3. 10. V. 10.

Alberti Valent. III. 9. A. II. 16. *judicium de* Matthia Flacio, III. 9.

Alcasar *Comment. in Apocal.* VI. Pr. S. IV. 9. A. II. 3. 4.

Alcoran Muhammedicus, A. VI. II. 4. *species religionis Ecclesiæ.* ib.

Alexandri, *Episcopi Alexandrin. fervor pro vera religione*, I. 15. *laudabilis conversatio*, ib. *elogia à Patribus ipsi tributa*, ib. *defenditur contra* Gothofr. Arnold. ib.

* 2 Ἀληθείας

INDEX POSTERIOR.

Ἀληθείας vocis varia acceptio, A. IV.
12. 13. prædicatum est Evangelij, & universi verbi divini, ib. sive lecti, sive prædicati, ib. sqq. ab ipso Christo datum, 13. abstracte posita, ut 1 Joh. V. 6. notat summam, infallibilem & immutabilem veritatem, 14. non solum testimonij, sed & rei, ibid.
Ambianates Georg. IV. 1. qualis scriptor? V. 20.
Ambrosius, de fug. sec. I. 1. in Apocal. A. II. 3. de Spiritu S. A. IV. 9.
Ambrosiaster, VI. Pr. 1.
Ammianus Marcellinus, II. 5. 6.
Amor præsentis seculi, sæpe causa lapsus in Ecclesia, I. 7.
Anabaptistæ exemplum Fanatismi, A. I. App. 3. Enthusiasmi, & Pietismi crassioris, A. II. 17. 32. A. VI. IV. 2. Enthusiasmi illusorij, A. I. 21. A. II. 19. prætenderunt furoribus suis pietatis sanctitatis speciem, VI. Poster. 22. A. I. 21. A. II. 24. eorum dissensus in capitibus fidei, & articulis pietatis, VI. Post. 22. Monasterienses, Munceri proles, A. II. 32. exemplum Enthusiasmi crassioris, ib. Anglicani, exemplum Enthusiasmi subtilissimi, & periculosissimi, ib. eorum dogmata pestilentissima, A. II. 34. turba, VI. Post. 15.
Ἀνακεφαλαίωσις τῶν πάντων quid? A. VI. I. 4.
Ἀνακαίνειν verbi emphasis, A. IV. 16.
Angelus officij nomen, non naturæ, A. I. 14. non solis creaturis in sacris literis tribuitur, ib. separatim positum

nullam infert inferioritatem, ibid. eos esse corporeos, multorum Patrum error, VII. 8. à Platonicis partim, partim à Stoicis haustus, ibid. generatio, etiam multorum doctissimorum Patrum, Ægyptiorum item, Platonicorum & Stoicorum error, VII. 10. num ex Genes. VI. 2. probari possit? ibid. non sunt objectum reconciliationis cum DEO, A. VI. I. 5. lapsi non habent spem restitutionis in pristinum statum gratiæ, ibid. & 2. sqq. boni ad imaginem DEI creati, A. I. 26. gaudent sua luce propria, A. I. 15. 16. dicuntur hinc stellæ matutinæ, sed improprie, ibid. contra Grotium, ib. & 26.
Ἄγγελοι Φωτὸς quid notent? A. I. 15. 26. Patrum sententiæ, ib. admodum variant, ib.
Animi facilitas vitiosa, IV. 7. nonnunquam character bonæ mentis, ibid. unde oriatur, ib.
Anonymi Lettre sur les Principes, & les Caracteres des Principaux Auteurs Mystiques &c. A. V. 4. 5. 13. 14. 18. 27.
Ἀντιδιαιροῦντες quinam? A. I. 9.
Antonilez Augustin. A. II. 3.
Apelles, Marcionis assecla, VI. Pr. 5. IV. 7. Pietaster, Syncretista & Indifferentista, ib. & A. II. 24. à Philumena seductus, ib.
Apocalypseωs Johannis autor absurde statuitur Cerinthus hæreticus, A. II. 2. à Lutheranis semper pro libro θεοπνεύστῳ fuit habita, ib. contra crimina-

INDEX POSTERIOR.

minationes Riberæ Jesuit. ib. ordo visionum tamen seu prophetiarum, & eventuum distinguendus, ibid. Capit.I. vers.10. explicationes, A. II. 3. Patrum, ibid. Lutheranorum, ibid. Reformatorum, ib. Pontificiorum, ib. verior & communior, 4.

Ἀποκατάςασις τῶν πάντων quid? A. VI. I. 1. sqq. ejus autor, VI. Post. 12. A. VI. I. 1. 2. 4. 5.

Apollinaris, Episcop. Hierapolit. V. 4. 9. VI. Pr. S. IV. 8. A. II. 22. ejus lapsus causa, III. 20.

Apostoli non ad Ecclesiæ propositionem confugerunt, sed ad vim verbi sui provocarunt, A. IV. 18.

Apparitiones Christi, & Angelorum jactatæ omni jure suspectæ, A. I. 28. Diaboli sub specie Christi crucifixi an dentur exempla, A. I. 25. an Diabolum apparentem sic adorare, peccatum sit? ib. Bresseri sententia, ib. Thyræi & Thomæ, ibid. tutius omnes rejiciuntur, ib. & adoratio ceu peccaminosa omittitur, ib.

Appollonius, V. 10. 12. sqq. 16. 20. VI. Pr. S. IV. 8.

Apulejus de Dogmat. Platon. A. V. 16.

ab Arbore Sinceri, Freymüthige Gedancken &c. A. VI. II. 1.

Aretas, Episc. Cappad. Cæsar. in Apocal. II. 3. sqq.

Argentoratenses librum Interim rectè rejecerunt, III. 8. Professores iniquè & injustè hæretificij, & persecutionum arguit Gothofr. Arnold. A. II, 35.

Aristoteles, A. II. 7.

Ariani exemplum transfigurationis Satanæ in Angelum lucis, A. I. 20. jactarunt pietatem & sanctitatem, I. 15. A. II. 24. eorum amicitia cum Meletianis, I. 15. fraus in Concilio Nicæno, ib. eorum causam agit Gothofr. Arnoldus, I. 13. sqq. II. 4.

Arius, I. 13. ingenium acre, callidum, & magna spirans, ib. 16. A. I. 20. Presbyter Ecclesiæ Alexandr. ib. vivo adhuc Petro, Episcopo Alexandr. de Trinitate heterodoxe statuere, & Meletianorum assecla esse cœpit, ib. χεςόμαχος, ib. & A. I. 20. Pietaster, ib. & III, 17. ejus lapsus quibusdam per stellam cœlo lapsam, Apoc. IX. 1. significatus videtur, I. 13. gravitas, ib. causa fuit impietas, superbia, invidia, & pertinacia, ib. & III. 15. 16. 20. ejus discipulus non dissimilis Eusebius Nicomediens. II. 1. Arianæ fidei formula, II. 5. autores, ib. certaminis occasio, I. 15. nimius disputandi fervor Alexandri Episc. contra Sabellian. Samosat. ibid.

Armachanus, IV. 3.

Arndius felicissimus post B. Lutherum Theologiæ Mysticæ repurgator, A. V. 6. libri de Vero Christianismo, A. V. 6. 15. specimen Theologiæ Mysticæ sanioris, A. V. 6.

Arnobius contra Gentes, A. IV. 14.

Arnoldi Gothofr. Historia Hæretic. I. 16. II. 9. III. 4. 5. IV. 1. V. 20. VI. Pr. 6. S. IV. 9. Post. 11. 14. VII. 2. A. II. 16. 17. 22. 24. 25. A. V. 26. sæpe ἀνίσως, II. 4. & perversis allegationibus

tionibus plena, I. 14. *scopus*, I. 5. *irreverenter & iniquè tractat Patres Ecclesiæ*, VII. 2. A. II. 35. *inprimis verò indigne tractat* B. Irenæum, I. 8. Athanasium, I. 13. A. II. 35. Alexandrum, *Episcop. Alexandr.* I. 15. Augustinum, Hieronymum, II. 11. 12. A. II. 35. & Epiphanium, A. II. 35. VII. 2. *summo studio defendit* Tatianum, I. 10. Arium, I. 13. 15. II. 4. *contra communem Patrum consensum,* ib. *item* Pelagium, II. 10. sqq. *iniquè de lapsu* Hosii *statuit,* II. 4. *Montanistas partim excusat, partim probat,* V. 20. *obtrectat etiam* Luther. III. 3. *exagitat* Melanchthonis *methodum Theologiam tradendi,* III. 5. *improbat literarum elegantiorum, & Philosophiæ usum in Theologia,* ibid. *majoris æstimat Fanaticorum Pietismum,* I. 10. 15. A. II. 24. 35. Enthusiasmum, A. II. 17. *quàm doctrina fidei integritatem,* I. 15. II. 10. sqq. A. II. 35. *scomma de vocabulo Orthodoxus,* II. 10. Davidem Goris *excusare laborat.* A. II. 25. Argentoratensibus Professoribus *hæretificium & persecutiones piorum injustè objicit,* 35. *judicium de visionibus* Burignoniæ, A. II. 22. *in Histor. descript. Theolog. Myst. ostendit suum Separatismum, & Eclogismum,* A. II. 31.

Arrianus, VII. 15.

Articuli Schmalcaldici, V. 25.

Ascetica Theologia, A. V. 15. vid. Mystic. Theol.

ab Asseburg Rosemund. Jul. *revelationes, si non pro suppositiciis habendæ,* A. II. 22. *sunt exemplum Enthusiasmi illusorij,* 17. 22. A. III. 1. *non divini,* ib.

Athanasius, I. 13. 15. II. 2. sqq. III. 16. V. 13. VI. Post. 18. A. I. 12. 20. II. 5. III. 11. *iniquè & irreverenter tractatur à* Gothofr. Arnold. I. 13.

Athenagoras, VII. 12. *ejus error de generat. Dæmon.* ibid.

Audaani hæretici, VII. 3. A. I. 20.

Augustana Confessio, II. 12. A. VI. II. 3. IV. 1.

Augustinus, IV. 9. V. 5. 12. 19. A. IV. 14. A. V. 8. 22. *de bono perseverant.* I. 1. 3. II. 5. III. 15. IV. 1. *de Genes.* VII. 6. 13. *de Hæres.* I. 13. II. 5. 10. sqq. III. 10. 16. IV. 2. V. 14. VI. Pr. 2. 3. 7. S. IV. 7. 8. Post. 19. 21. VII. 1. 2. 7. sqq. A. I. 20. A. II. 24. A. IV. 9. A. VI. I. 3. II. 4. *ad Quod vult Deum,* VII. 3. *de catechizandis rudibus,* A. III. 13. *eum fuisse elevatum ad visionem divinæ essentiæ, falsò narrat* Sandæus, A. V. 22.

Austeritas ingenij nimia noxia, V. 14. *ad lapsum sæpe viam parat,* ib.

Ἀυθαιρέτη *sæpe conjuncta cum opinionum pertinacia,* I. 3. *exemplum* Pharisæus, Luc. XIIX. 9. sqq. ibid.

Ἀυτὸς *pronominis sensus,* A. I. 11.

B.

INDEX POSTERIOR.

B.

Baconus Thomas, vid. Southvvellus.
Bajeri *Synopſ. & Exam. Theolog. Enthuſiaſt.* A. II. 8. 12. 20.
Balduinus, A. I. 4. ſq. A. II. 26.
Balſazius, IV. 4. 9.
Baptiſmus teſtis efficaciſſimus & probatiſſimus, A. III. 4. *de Jeſu Chriſto in terra,* A. IV. 7. 11. *teſtatur, ceu medium & inſtrumentum, per quod Spiritus S. teſtis propriè ſic dictus, principale agens operatur,* A. III. 8.
Baronius *in Annalib.* I. 6. 7. 11. 12. 16. 20. II. 2. 5. 8. 24. 34. III. 13. IV. 1. ſqq. 9. 10. V. 2. ſqq. 14. 17. VI. Pr. 1. ſqq. Poſt. 17. ſq. VII. 2. *luget lapſum* Hoſii, II. 7. *minus tamen accuratè de ejus, ut & Origenis, &* Tertulliani *lapſu judicat,* ibid. Neſtorii *modum procedendi cum hæreticis laudat,* II. 8. 11. ſqq.
Barradii *Conc. Evangel.* A. IV. 13.
Baſilius, A. III. 12.
Batei *Elench. Mot. in Angl.* V. 17. A. II. 33.
Bebelius *in Antiquit. Eccleſ.* I. 9. 11. 15. II. 1. 2. III. 19. IV. 1. 2. 5. V. 9. 10. VI. Pr. 5. S. IV. 8. Poſt. 17. VII. 4. A. V. 15.
Becan. *Theolog. Scholaſt.* A. III. 13. A. IV. 17. 18.
Bechmann. *de Origin. lat. ling.* A. I. App. 1.
Beda, IV. 2.

Begardorum *errores conformes erroribus* Quietiſtarum, A. V. 25.
Bellarminus. II. 2. 5. IV. 4. 10. V. 9. 20. A. I. 23. 29. A. II. 3. A. III. 13. A. IV. 14. 16. A. V. 3.
Benthem. *Status Eccleſ. in Holland.* IV. Poſt. 22. A. II. 32.
Bellum Ruſticanum Enthuſiaſmi fructus, A. II. 33.
Bergomenſ. Sixt. *Via montana ad cœlum via,* A. V. 4. 20.
Beſold. *Motiv. tranſit. ad Rom. Ecclеſ.* A. V. 6. 15.
Bevereg. *Not. ad Concil. Nicæn.* IV. 3. VI. Pr. S. IV. 3.
Beurlinus, A. IV. 2. 5. 9.
Beza, A. II. 4. *Verſio N. T.* A. IV. 7.
Binius, II. 5.
Blanckvvaltus, *editor ſcriptorum* Hildegardis, VI. Pr. S. IV. 9.
Blondellus, *de Primatu Pap.* II. 2.
Böhmius Jac. A. V. 16. 19. 26. *non liber à Fanatiſmo pronunciandus,* A. V. 13. *Pſeudo-Myſticus,* 14. 26. *ejus Theologia Myſtica, Theologia Platonica,* ib.
Böhmiſtæ, ſpeciem pietatis præ ſe ferunt, A. II. 25. *exemplum Enthuſiaſmi illuſorij,* ib. *nonnunquam & Diabolici,* ib. & 28.
Boſſuet. *Epiſc. Meldenſ. Quietiſm. Rediviv.* VI. Pr. S. IV. 2. A. V. 1. 13. 22. 25. *ejus controverſia cum Archi-Epiſc. Cameracenſ.* ib. & A. II. 31.
Brentius, VII. 13. A. III. 9. A. V. 20.
Breſſer. *de Conſcientia,* A. I. 25.

Brigitta,

Brigitta, Vl. Pr. S. lV. 9. *an pro Fanatica habenda?* ibid.
Brownistæ qui? Vl. Post. 14. *eorum dogmata*, ibid. 16. vid. *Puritani.*
Budæus, A. lV. 2.
Bullingerus, A. I. 6. A. II. 3. 5. A. III. 6. A. lV. 5.
Burignon. Antoinett. A. V. 26. 27. A. Vl. I. 3. IV. 2. *dogmata impia*, Vl. Post. 11. A. V. 27. *à Poireto magnopere laudata*, Vl. Post. 11. *& ab aliis*, A. V. 27. *Fanatica*, Vl. Post. 11. A. V. 14. 27. *Pseudo-Mystica*, A. V. 26. sqq. 14. *& 27. exemplum Pietismi crassioris*, A. Vl. lV. 2. *Enthusiasmi illusorij*, A. II. 22. *velut altera Priscilla, seu Maximilla Montani*, Vl. Post. 11. *mors*, A. II. 22.
Bzovius, lll. 4. A. lll. 13.

C.

Cajetanus, A. l. 5. 15. lV. 5. 6. 8. 19.
Caiphas *materialiter tantum, non formaliter prophetavit*, A. ll. 30.
Cajus *in* Euseb. *Hist. Eccl.* A. ll. 17. 21. *Proculi Cataphrygii adversarius*, Vl. Pr. 7. A. ll. 2.
Calixtus, A. l. 22.
Calov. *Bibl. Illustr.* lll. 12. Vll. 13. A. l. 16. A. ll. 2. 4. 27. 30. A. lll. 5. 7. A. lV. 2. 5. *Syst.* A. ll. 16. A. lV. 12. 14. 16. *Isagog. ad Theol.* A. l. 27. A. ll. 7. 14. 27. A. V. 6. *Exeg. A. C.* lll. 7. 9. *Syncret. Calixt.* V. 20. Vll. 6. *Confess. Martyr. de SS. Trinit.* lV. 4. Vll. 3.
Calvin. *Institut.* A. l. 6. 21. A. Vl. Coroll.
Calvinianorum *iniquum de* Luthero *judicium in turbis Carolstadianis*, lll. 3. *ipsi originem certaminis Sacramentarij deducunt* à Carolstadio, 4.
Canus Melch. Vl. Pr. S. lV. 9.
Cappell. Jac. *Observat. in* N. T. A. ll. 6.
Caracciolus *Cardinal.* Vl. Pr. S. lV. 4. *literæ ad* Innoc. XI. *Pontif.* A. V. 21.
Carmen *fanaticum quid?* A. l. App. 2.
Carolstadius, lll. 2. *à patria sic dictus*, ib. *magnus ante lapsum in Ecclesia Vir*, ib. à Luthero *quoq; magni æstimatus, & ipsius in Reformatione socius*, ib. *sed ingenij iracundi, vehementis, præcipitis, novarum rerum cupidi, & pertinacis*, ib. & 21. Wittebergæ *absente* Luthero *turbas movet*, lll. 3. à Luthero *monitus non cedit*, ibid. *sed studio eminendi præ* Luthero, *calamum contra eum stringit*, ibid. Luthero *frustra rixas deprecante*, 16. *lapsus*, lll. 2. *causa*, ib. *occasio*, ib. *characteres morales*, ibid. *Sacramentariorum, Fanaticorum, Enthusiastarum, & Puritanorum Prodromus*, lll. 2. sqq. *errores*, ib. Maimburgii *de eo judicium*, lll. 2. *justò æquius de eo judicant adversus* Lutherum, Scultetus, Hornbeck, & Hornius, lll. 3.
Carpocratiani *hæretici*, A. l. 20. *jactarunt revelationes*, ibid. *exemplum transfigurationis* Satanæ *in Angelum lucis*, ib.
Carpzovius, A. lV. 10.

Casau-

Casaubonus *ad* Baron. *Annal.*VII. 2. A. V. 2.

Cassianus, II. 8.

Cassiodorus M. Aurelius, IV. 5.

à Castro Alphons.III. 14.

Cathari, vid. Novatiani.

Catonus Wilhelm. VI. Post. 14. A. II. 20. *Fanaticus,* ibid.

Centuriat. Magdeburg. I. 11. IV. 1. V. 6. 11. 14. VII. 9. A. V. 16.

de la Cerda Ludov. A. I. App. 2.

Cerinthiani habentur ab Epiphanio *pro Pseudo-Apostolis,* A. I. 20. A. II. 2.

Cerinthus *hæreticus,* A. IV. 9. *negavit Divinitatem Jesu Christi, & veritatem Scripturæ S. inprimis Novi Testamenti,* ib. *jactavit comunionem cum Angelis,* A. I. 20. A. II. 2. *fanaticus Enthusiasta,* A. II. 17. 21. *ab* Epiphanio *creditur autor Pseudo-Apostolorum,* A. I. 20. A. II. 2.

Character moralis Lapsorum in Ecclesia, I. 6. *malignantiu in Ecclesia,* II. 10. sq.

Chaumontius, A. V. 11.

Chemnitius, II. 10. sqq. III. 4. IV. 4. A. IV. 13. *Exam. Conc. Trid.* IV. 4. sq. V. 9. 11. VII. 13. A. V. 16.

de Cherbury Herbert, *Religionis Universalis Patronus,* A. VI. II. 3.

Chidley Catharina, VI. Post. 10. *ejus scriptum pro Independentibus,* ibid.

Chiliasmus, A. VI. IV. 1. *ejus autor* Papias, *vel* Cerinthus, A. II. 2. *cum causa ta fuit confusio ordinis visionum & eventuum,* ibid. *ejus reus non sine atroci injuria* B. Dannhawer. *agitur,* A. VI. IV. 1. sqq. & Add.

Chiliastis *displicent certa cantica,* VI. Post. 23.

Chrysostomus, III. 15. A. I. 2. sq. 12. 15. A. IV. 16. A. VI. 1. 4.

Chytræus, A. IV. 13.

Cicero, VII. 4. A. II. 26. A. V. 12. A. VI. II. 5.

Clapmarius *de Arcan. Rerump.* A. II. 33.

Clarius, A. IV. 5.

Claudianus, VII. 13.

Clemens Alexandr. I. 10. III. 17. VI. Post. 21. VII. 12. A. I. App. 4. A. II. 7. 31. A. V. 8. sq. 10. A. VI. II. 1. *amator Philosophiæ Platonicæ & Pythagoricæ,* A. V. 8. *inter primos Theologiæ Mysticæ autores refertur, qui eam ad Platonismum temperare cœperunt,* A. V. 9. sq. *error de generatione Dæmonum,* VII. 12.

Cleombrotus, *Philosophus Lacedæmonius,* A. II. 10.

Cluverus *in Apocal.* A. II. 3. sqq.

Coccejus *in Apocal.* A. II. 3. sqq. *in* 1. Joh. A. III. 6.

Cœna Domini *testis efficacissimus & probatissimus,* A. III. 4. *de Jesu Christo in terra,* A. IV. 7. *testatur ceu medium & instrumentum, per quod Spiritus S. testis proprie sic dictus principale agens operatur,* A. III. 8.

Colberg. *de Origin. & progress. hæres.* III. 18. A. IV. 9. *Christianismus Platon.* VI. Post 14. A. V. 6. 14.

Colloquium Cassellanum, A. I. 22.
- - - - Ratisbonens. A. IV. 17.

Colloquia cum Angelis, Spiritibus, & ipso Christo, A. II. 15. *in Ecclesia hodie*
non

non admittenda, ibid. à Luthero in Articulis Schmalcald. rejecta, V. 25.
Concilium Chalcedonens. II. 13.
- - - Constantinopolit. II. 13.
- - - Ephesinum, II. 8. 13.
- - - Nicænum, I. 15. A. III. 13.
- - - Sirmiense, II. 2. an unum, an plura fuerint, ibid. confessiones ibidem editæ, ib. autores, ibidem.
- - - Tridentinum, V. 9. A. III. 2.
Constantia, Constantini M. soror, VI. Pr. S. IV. 8. à Presbytero Ariano seducta, ibid. causa fuit multorum malorum. ibid.
Constantinus M. Imp. Eusebium Nicomed. reprehendit ob versutiam & improbitatem, II. 1.
Conventicula, VII. 17. vox prava potius, quam bonæ & mediæ significationis, ib. medium fuerunt propagandi Tertullianismum, VII. 17. 19. Pietismum, 18. Anabaptismum, ib. Labadismum, ib. & Separatismum, ibid. noxia, damnanda & prohibenda, ib. Edicta contra eadem, ibid.
Cotelerius, IV. 5. VII. 4. sq. A. II. 23.
Coturius, A. III. 13. A. IV. 17. sq.
Creygthon. Histor. Conc. Florent. V. 17. A. I. 21. A. II. 32. 34.
Cromwellus, A. II. 34. ad suam potentiam ab Enthusiastis evectus, ibid.
Curiositas nimia in Theologia sæpe causa lapsuum magnorum in Ecclesia virorum, III. 15. hinc fugienda, ib.
Curtius, A. II. 23.

Cyprianus, III. 11. IV. 1. V. 22. VII. 12. VI. Pr. 1. A. I. 2. 8. A. III. 5. ejus encomiastes Erasmus, IV. 1. error de generatione Dæmonum, VII. 12. de rebaptizandis ab hæreticis baptizatis, IV. 5. in multis Tertullianizare videtur, VII. 12. idque ex nimio erga Tertullianum affectu, IV. 5.

D.

Dæmonum diversitas quoad vires phantasiæ, figmentum, A. I. 10.
van Dale, de Oracul. Vet. Ethnic. A. II. 18.
Dallæus, de Jejun. & Quadrag. IV. 3. V. 11. VI. Post. 21. VII. 5.
Damascenus, de Orthod. fid. A. I. 18. A. VI. I. 2.
Damnatorum restitutio in pristinum statum gratia, A. VI. I. 1. sqq. est ἀγράφῳ & ἀντιγράφῳ, ib. error Origenis, ib. frustra ab Autore Ἀπονελασάσεως propugnatur, ib.
Danæus, VI. Pr. 6. sq. VII. 3. 8. 13. A. I. 20. A. II. 18.
Dannhauwer. Hodosoph. III. 16. IV. 7. V. 20. VI. Pr. S. IV. 3. A. I. 15. A. II. 2. A. III. 10. A. IV. 7. 9. 12. 14. A. V. 7. 15. A. VI. II. 5. IV. 1. Add. Hod. Pap. VI. Pr. S. IV. 9. A. II. 16. Hod. Calv. III. 4. V. 14. A. I. 21. A. II. 8. 15. A. VI. Add. Salv. Reform. III. 5. 6. IV. 10. VI. Post. 14. Christosoph. A. VI. Add. Coroll. Antichrist. II. 13. III. 19. 20. A. V. 14. Mysteriosoph. A. VI. III. 2. Myster. Syncr. III. 17. A. I. 24. A. VI. III. 1. Theol. Conscient. I. 3. III. 8. A. I. 18. 22. A. II.

INDEX POSTERIOR.

A. II. 11. 14. 16. 26. fq. A. V. 6. 15.
Chrifteid. I. 11. fq. VI. Pr. 1. VII. 3. 13.
Hermeneut. S. II. 28. V. 14. V. 3.
Dannhayveri *monitum de variis Diaboli fraudibus,* A. I. 24. A. VI. IV. 1. *hoſtis Chiliaſmi,* ib. *non fine atroci injuria Chiliaſtis aſſociatur,* ibid. & Addend.
Del Rio Mart. *Diſquiſ. Mag.* A. V. 22.
Demas, I. 7. *ejus lapſus,* ib. *cauſa,* ib. & III. 12. Dorothei *ſententia de cauſa lapſus,* I. 7. *character moralis,* ib. *falſò creditur ab Eſtio reſipuiſſe, & Paulo iterum ſe adjunxiſſe,* III. 12.
Demetrius Phalereus. IV. 9.
Denckius *Anabaptiſta,* A. VI. I. 3.
Deus ſolus immutabilis, I. 1. *lux,* A. I. 15. *eſſe corporeum, error Stoicorum, Platonicorum, & Tertullianiſtarum,* VII. 4. fqq. *dogma impium,* ib. *in Eccleſia non tolerandum,* ib. 7. *nec talis formula toleranda,* ib.
Diabolismus accidens malorum Angelorum, A. VI. I. 2.
Diaboli variæ fraudes in decipiendis fidelibus, A. I. 7. 24. A. VI. IV. 1. *eorum reſtitutio in priſtinum ſtatum gratiæ,* ibid. fqq. *eſt* ἀγεφό, *&* ἀντίγεφό, ib. *error Origenis,* ibid. *fruſtra ab Autore* Ἀποκαταστάσεως *propugnatur,* ibid. *Plura vid. voc.* Satanas.
Dicti, 1. Corinth. X. 12. *exegeſis,* I. 1. fqq. 2. Corinth. XI. 14. A. I. 3. fqq. 1. Joh. V. 6. A. III. 3. fqq.
Dieſtius, A. VI. III. 1.
de Dieu Ludovic. A. I. 9.

Diodatus, A. I. 16.
Diodor. Sicul. A. I. 1. A. II. 7.
Diogen. Laërt. A. I. 19. App. 4.
Dionyſius Alexandr. *de promiſſ.* A. II. 2.
— — — Areopagita, A. V. 11. *ſcriptor ſuppoſititius,* ib. *Chriſtianiſmum ſæpe cum Platoniſmo & Pythagoriſmo miſcet,* ibid. *primus Theologiam Myſticam ſcripſit,* ib. *ſed Platoniſmo accommodatam,* ibid. & 16. *Philoſophus Platonicus, & Theologus Platonizans,* 19. *Theologia Myſtic.* A. V. 2. 4. 7. fq. 11. 14. fqq.
Dodvvellus, IV. 4.
Donatiani hæretici, A. I. 20. *angelicam ſanctitatem ab hominibus requiſiverunt,* ib. *exemplum transfigurationis Satanæ in angelum lucis,* ib.
Donatus, A. I. 20. *divina colloquia jactavit,* ibid.
Dorotheus, I. 6.
Dorſch. *Pentadec.* VII. 4. 7. 14. A. I. 15. A. IV. 8. A. VI. III. 2. Addend. *Theol. Zachar.* A. II. 13. 15. A. III. 13. *Diſſert. de Spir. aqua, & ſang.* A. III. 3. 5. fqq. A. IV. 4. 7. 10. 11. 15. 16. *Kircher. dev.* A. III. 12. 14. 18. fqq. *Admir. Sept.* A. II. 28. *Collat. ad Concil. Sirm.* II. 2. 5. *Interv. pro Myſter. Trin.* VII. 3.
Doucini *Hiſtor. Origeniſm.* I. 11. *Neſtorianiſm.* II. 8.
Dunte Caſ. *Conſc.* A. II. 16.
Duræus, A. I. 22.
Dürrius *de Schiſmat.* V. 22.
Dycke Jerem. Selbſtbetrug/ *caute legend.* I. 3.

** 2   E.

E.

Ebionismus fœdus quidam Syncretismus, VI. Post. 20.

Ebionitæ pessimi hæretici, VI. Post. 20. *impugnarunt divinitatem Jesu Christi,* A. IV. 9. *& veritatem Scripturæ,* ibid. *jactarunt pietatem & sanctitatem,* VI. Post. 20. A. II. 24. *dogma de esu carnium,* VI. Post. 20. *eorũ secta, species religionis Eclecticæ,* A. VI. II. 4.

Ecclesiæ autoritas, & propositio, ad efficaciam Scripturæ divinam faciendam, & veritatem testimonij interni Spiritus S. non est necessaria, A. III. 13. 18. *nec assensum fidei directivè in eam resolvi, simpliciter necessarium,* ibid. *tantum necessitas expedientiæ agnosci debet,* ibid. *contra South-wellum, Becanum, & alios,* ibid. *divinam certitudinem Scripturarum efficere non potest,* A. IV. 16. *habet tantum vim testimonij moralis certitudinis,* 18. *ad eam nec Prophetæ, nec Apostoli provocarunt,* ibid. *nec in eam fidem suam resolvit Philosophus in Concilio Nicæno,* A. III. 13. *nec hodie, non affulgente Scripturâ, tuto satis resolvitur,* ib. *visibilis deficere, & errare potest,* A. IV. 18.

Ecclesiarum Protestantium Unio, A. VI. III. 1. *non per Politicos tantùm, sed & per Theologos tractanda,* ib. *impossibilis ob dissensum fundamentalem,* 2.

Eclectica Religio quid? A. VI. II. 1. *ejus Autor,* ibid. *ad eam à Philosophiâ Eclecticâ non rectè concluditur,* ibid. & 5. *Scripturæ S. contraria,* ibid. *inepta & impia,* ib. *ejus species sectæ Ebionæorum,* 4. *& Alcoranus Muhammedis,* ibid.

Eclogismus in Theologiâ damnandus, A. VI. II. 1. *Scripturæ S. contrarius,* ib. *ineptus & impius,* ib. *ejus species secta Ebionæorum,* ib. *& Alcoranus Muhammedis,* ib.

Ἔκστασις *quid?* A. II. 29. *quomodo differat à* παρεκστάσει, ib. *divina quid?* A. II. 6. *Petri, Pauli, Ezechielis,* ib. *pro tali non illico habenda pia & attenta devotio, cordisq́; & virium animæ beneficio Spiritus S. ad DEUM elevatio,* A. V. 21. *nec per omnia coincidit cum raptu divino,* A. II. 6. *Mystica, effectus puri amoris Contemplativi,* A. V. 22.

Edicta contra Conventicula, VII. 18. *Argentinense,* VII. 18. A. II. 35. *Cassellanum,* VII. 18. *Hannoveranum,* ibid. *Suecicum,* ib.

Εἰς *præpositio quid significet?* A. I. 13.

Elcesai hæretici, affectus hæreticus erga fœminas, VI. Pr. S. IV. 8.

Elisabetha, Abbatissa Schonaviens. an pro Fanaticâ habenda? VI. Pr. S. IV. 9.

Encratitæ hæretici, A. I. 20. *conviciantur nuptias,* VI. Post. 21. *jactarunt pietatem, & sanctitatem,* A. I. 20. A. II. 24.

Energumeni nonnulli Enthusiastæ, A. II. 31.

Engastrimythi, A. II. 18. *exemplum Enthusiasmi Diabolici,* ib.

Ἐνθουσιασμὸς *vox quid notet?* VII. 4.

Ἔνθεος *vocis explicatio, & diversa acceptio,* A. II. 7.

Enthusiasmus, A. II. 1. *inter ejus species referri*

referri debet τὸ esse in Spiritu, & rapi ad cognoscenda ἀpρητα, A.II.7. vocis Onomatologia, ib. Etymologia, ib. Homonymia, ib. usus profanus & Ecclesiasticus, ib. & 8. ejus distinctio in sanctum seu divinum, & fanaticum recte explicata admitti potest, ibid. & 12. quid de Enthusiasmo Petri, Pauli, Ezechielis, Johannis, & aliorum sanctorum DEI hominum censendum, 6.sq. an detur quoq; bestiarum, ib. Hornbeckii distinctio Enthusiasmi in ordinarium, seu communem omnibus fidelibus & sanctis, & extraordinarium Prophetarum, contra analogiam fidei est, & reijcienda, 8. & 12. acceptio de afflatu vere divino nec prima, nec famosior est, ib. contra Keithium, 8. in malam partem magis recepta, & frequentior est, 9. & 11. non obstantibus Gentilium, Enthusiastarum & Fanaticorum explicationibus, ibid. in malam partem acceptus latissima est significationis, 11. non solum notat Diabolicos afflatus, raptus, ecstases, furores fanaticos, sed & jactatas immediatas DEI revelationes, diurnas, & nocturnas visiones, somnia divina, colloquia Angelica, ipsiusq; Christi apparitiones, ibid. Synonymia, 1. causa, 10. ex Scriptura S. petenda, ib. ineptia Gentilium, R. Maimonidis, & Spinosæ de causis Enthusiasmi, ib. exempla, 17. ejus distinctio in divinum, diabolicum, illusorium, fictitium & fanaticum, 11. & 12.

Enthusiasmus divinus quid? A.II.13. variat speciebus, modis & circumstantiis, ibid. & veritatem doctrinæ, & vitæ sanctitatem urget, A.II.25. cognoscitur ex gloria DEI per se intenta, ex testimonio de Christo sacris literis conformi, factoq; convenienti Majestate Divina, 27. ex eleganti συναφείᾳ textus, 28. eo afflati prophetant scientes & intelligentes, mentis compotes, & animo placido & tranquillo, 29. exempla, 26. Apostolorum in festo Pentecostes fuit placidus, 29. requisita, 27.ſ qq. hodie desiit, 14. nec amplius est necessarius, ibid. ejus & Diabolici differentia, A.II.23. ex verbo DEI petenda, ib. non ex adulatione, ibid. nec ex sola sanctitate externa, 24.sq.

Enthusiasmus diabolicus quid? VI.Pr.2. A.II.18. variat, ib. vel impingit in veritatem doctrinæ, vel negligit sanctitatem vitæ, A.II.25. cognoscitur ex perversa Scripturarum allegatione, & explicatione, 27. ex confuso & non cohærente stylo & textu, 28. ex vacuo à mysteriis textu, ibid. eodem afflati, ut plurimum obscura & ambigua loquuntur, 26.27. cum furore & ignorantia, 19. nonnunquam sine furore, 30. exempla, 18. Biblica, 26. Ecclesiastica, 27. Profana, ib. referendus inter errores, quos Deus verbi sui contemptum vindicaturus, efficaces esse permittit, VI.Pr.2.

Enthusiasmus illusorius quid? A.II.19. an & quomodo à Diabolico differat? ibid.

ibid. *ejus causa vel Diabolus, vel corrupta phantasia, vel Diabolus & corrupta phantasia simul,* ibid. *exemplum* Muncerus, *& Anabaptistæ Monaster. Hesychastæ, &* Quackeri, ibid. & 20.

Enthusiasmus fictitius quid? A. II. 21. *frequentior est Diabolico & illusorio,* ib. *ejus exemplum* Cerinthus, *Valentiniani,* Muhammed, Muncerus, Numa Pompilius, *& Minoës,* ib.

Enthusiasmus fanaticus quid? A. II, 32. *est vel crassior,* ibid. *qui non solum cum contemptu verbi & Sacramentorum, ipsius etiam Ministerij Ecclesiastici jactat divinas visiones, angelica colloquia, revelationesq́; sed etiam vitam socialem turbat, Magistratumq́, Politicum, & Ministerium Ecclesiast. it sublatum, ut Anabaptistarum Monaster.* ib. *vel subtilior, ut* Mennonistarum, ib. *vel subtilissimus, qui cum ex animo ministerium verbi & sacramentorum contemnit, illud tamen magnifacere videri vult, cuncta tamen interno impulsui tribuens, & plebi jura docendi, & concionandi dans, ut Anabaptistarum Anglican.* ib. *est noxium malum in Republ. & Ecclesia,* 33. sq. *causa Muhammedismi, & belli Rusticani,* ib. *Regicidij Anglicani,* ibid. *ei omni jure obex ponitur,* ibid. *osor disciplinarum Philosophicarum & Philologic.* ibid.

Enthusiasmi amor sæpe causa lapsuum magnorum in Ecclesiæ Virorum, III. 17. *à* Luthero *in Articulis* Schmalcaldicis *rejectus,* V. 25. *Diabolicus, illusorius & fictitius, sæpe in uno subjecto conjuncti,* A. II. 22. *exempla,* ibidem.

Enthusiasta, vid. voc. Enthusiasmus.

Epictetus, A. V. 17.

Epiphanius *de Hæres.* I. 11. sqq. V. 5. 7. VI. Pr. 2. S. IV. 6. sqq. Post. 19. sqq. VII. 2. 8. A. I. 20. A. II. 18. 22. sqq. A. IV. 9. A. VI. II. 4. *vindicatur contra* Arnoldum, VII. 2.

Episcoporum Galliæ refutatio scripti Mystici ArchiEpiscopi Cameracæ VI. Pt. S. IV. 2.

Erasmus, IV. 1. V. 6. 10. A. I. 12. A. II. 6.

Erbermann. Bellarm. *Vindic.* A. III. 13. A. IV. 17. 20.

Ἐρῶ ν, *verbi explicatio,* A. IV. 16.

Erigena Joh. Scotus, *Theologiæ Mysticæ magnus fautor & promotor,* A. V. 12.

Errores ut plurimum ingenio convenientes eliguntur, V. 2. *tales fuerunt* Tertulliani *Asti,* ibid.

Eruditio secularis in Patre Ecclesiæ laudanda, IV. 3. *requisitum Doctoris Ecclesiæ,* II. 9. *cum sacra amicissimè conspirat,* IV. 3. *inter externa instrumenta studij Theologici referenda,* ib. *mediocris cum fastu, pertinacia, novandi pruritu, & audacia conjuncta, sæpe causa hæresium & errorum,* II. 9. 11.

Escobar, A. II. 26. *Theolog. Moral.* A. V. 21.

Essenii *Theolog. Dogmat.* A. I. 16. A. VI. III. 2.

Ἐςί *copulæ emphasis,* A. III. 8.

Estius,

Estius, III.12.19. A. II. 6.26. A. III. 2. sqq. A. IV. 3. 5. 8. *fontibus in interpretatione Scripturæ S. plus tribuit, quàm reliqui Pontificij*, A. IV. 5. *hinc sæpe in explicatione textus reliquis accuratior*, ibidem.

Eva in Paradiso lapsus causa, IV. 7. VI. Pr. 2.

Evagrius *in Histor. Ecclef.* II. 14.

Evangelium testis efficacissimus & probatissimus, A. III. 4. *de Jesu Christo in terra*, 7. & A. IV. 7. II. *testari de Christo, est ejus proprium*, A. III. 7. *est objectum testificationis Spiritus S.* A. IV. 7. II. sq. *significatur per τὸ πνεῦμα*, 1. *Joh.* V. 6. ibid. *ejus dignitas, fides & eminentia*, ib. *à Johanne, & ipso Christo appellatur Veritas,* A. IV. 12. sq.

Euchitæ, VI. Pr. 2. *Pietastrorum genus*, VI. Post. 13. vid. Messaliani.

Eugubinus, VII. 13.

Eunapius *de vit. Sophistar.* A. I. 19. *Philosophor.* A. II. 30.

Eusebius *in Histor. Ecclesiast.* I. 8. 10. 15. II. 4. III. 18. IV. 1. sqq. 11. V. 4. 9. 11. sqq. 20. VI. Pr. 7. S. IV. 6. sqq. Post. 29. A. I. 20. A. II. 2. 11. 17. 18. 21. sqq. A. IV. 6. 9. A. V. 9. *de Præparat. Evangel.* A. I. 20. *in Chronic.* VI. Pr. 1. VII. 2. 4.

- - - - *Dorylæi Episcopus*, II. 14.

- - - - Nicomediensis, Arii *discipulus non absimilis*, II. 1. *versutus & improbus*, ib. *simulator & dissimulator maximus*, ib. *factiosus & mendax*, ibid.

Eutyches, II. 13. *Presbyter & Abbas Constantinopolit.* ibid. *ab initio à* Leone I. *Pontif.* Flaviano, *Archi-Episc. Constantinopol.* & Theodosio *Imperat. magni habitus*, ib. *laudabilem operam præstitit in Concilio Ephesino adversùs hæresin* Nestorii, ibid. *sed versuti & fraudulenti ingenij homo*, 14. *Ephesi jam damnato* Nestorio *errores disseminare cœpit*, ibid. *missis ad alios etiam Abbates & Monachos libellis hæresi sua infectis*, ib. *ipsius causa*, III. 16. 19. sq. *occasio, zelus erga* Nestorium *cum ignorantia, audacia imprudenti, arrogantia & pertinaci* ἰδιογνωμοσύνῃ *conjunctus*, II. 14. *num justo Dei judicio contigerit, quia alios fecerat hæreticos, ut* Gothofred. Arnoldo *placet, suo loco relinquitur*, 13. *quibusdam per Angelum Apocal.* IIX. 12. *significatus videtur*, ibid.

Eutychiana hæresis pestilentissima, II. 13. *plurimarum hæresium pestilentissimarum mater*, ibidem.

Ewiges Evangelium, VI. Post. 12. *est error* Origenis, ibid. & A. VI. 1. sqq. ἄγραφ⊙ & ἀνάγραφ⊙, ib. *ejus hodierni præcones*, VI. Post. 12. A. VI. I. 1. sqq.

F.

Fabricius, A. II. 6.

Fanare quid? A. I. App. 1.

Fanaticæ, A. I. App. 1. Sibylla, *Apollinis ministra*, ib. Cassandra, ib. *earum gestus in sacris*, ibid. sq.

Fanaticum

Fanaticum carmen quid? A. I. App. 2.
Fanaticus, A. I. App. 1. vocis Onomatologia, ib. Etymologia, ib. Homonymia, ib. significatio propria, ib. impropria, ib. Ecclesiastica, ib. Synonymia, ib. adjuncta, ibid. 3. eorum delirium de futuro seculo Spiritus S. A. II. 24. somnia, visiones, & revelationes ex Scripturis dijudicandæ, 25. stylus ineptus & obscurus, 28. non retinent formam sanorum verborum, ib. improbans partim indifferentia, partim talia esse negans, V. 14.
Fanatismus, VI. Pr. 4. ejus vehementia quanta? ibid. adjunctum, est species pietatis & sanctitatis externæ, A. I. App. 4. Synonymum Enthusiasmus, A. II. 1.
Fanum quid? A. I. App. 1. ejus significatio apud Gentiles, ibid.
Faustinus, II. 5. 6.
Faustius Isaac de laps. stant. cavend. l. 1. de summa Scripturæ certitudine, A. IV. 16.
Fecht, de Apparit. Christi post ascens. A. II. 12.
Fellia Margareth. Quackera, VI. Post. 10. ejus scriptum, ibid.
Fenelon, Francisc. de Salignac. Archi-Episc. Cameracens. Des Maximes des saints &c. VI. Pr. S. IV. 2. ejus controversia cum Bossueto, Episcop. Meldens. circa Theologiæ Mysticæ explicationem, A. II. 31. A. V. I. 4. 13. 22. 23.
Fervor nimius sæpe causa Lapsuum magnorum in Ecclesia Virorum, III. 11.

Feustking. Gynæc. Hæretico-fanatic. VI. Post. 13.
Ficinus Marsilius, A. V. 12.
Fides de Divinitate & veritate Scripturæ non ex Ecclesia, sed solius Spiritus S. in Scriptura, ex Scriptura, & per Scripturam testificantis testimonio oritur. A. IV. 16. eâ corruptâ per errores fundamentales spuria pietas nascitur, VI. Post. 20. Quodlibetica, A. II. 35. Eclectica, ibid. Latitudinaria, ibid.
Fienus de Virib. Imaginationis, A. II. 19.
Filij Dei, Genes. VI. 2. non Angeli Dei, VII. 10. sed homines pij, ex Sethi sanguine prognati, sed seducti, ibid.
Flacius, A. I. 15. A. III. 7. A. IV. 2. 13. Vir summus in Ecclesia, III. 9. Zelus contra Sacramentarios, Interimistas, & ipsum Melanchtonem, Præceptorem suum, ib. studium & labor in Centur. Magdeburg. ibid. ingenium capax, sed inquietum, 10. labitur in præcalido certamine contra Victorin. Strigelium, Synergistam, ib. error de Peccato Origin. ib. magnarum in Ecclesia turbarum causa fuit, ibid.
Flacii & Flacianorum diversitas, VI. 2. 7.
Flavianus ArchiEpiscop. Constantinop. II. 14.
Fœminæ hæretici & Fanaticis se associantes, VI. Pr. S. IV. 7. sq. alios ad hæresin & Fanatismum seducentes, ibid.
Formula Concordiæ, III. 8. A. II. 15. A. VI. II. 3.

Foxus,

Foxus, *Quackerorum autor*, A. V. 21. *melancholicus*, ibid.
Francius, *crassus Enthusiasta*, A. III. 11.
Fraffenij *Disquisitiones Biblic.* A. II. 2. 13. 28. sq.
Fratres Roseæ Crucis, A. I. 21. *exemplum transfigurationis Satanæ in Angelum lucis*, ibid.
Fratres Societatis Philadelphicæ, VI. Post. 12. 23. A. II. 24. sq. *jactant sorores θεοδιδάκτες*, VI. Post. 12. *Pseudo-Mystici*, A. V. 16.
Fredegarius, A. I. Append. 3.
du Freine *Glossar.* A. I. App. 3.
Fridlibij Untersuchung des *Indifferentismi religionum*, III. 22. A. II. 35. A. VI. II. 2.
Furor Poëticus proprie non ex vero Dei afflatu provenit, sed ex naturali aptitudine & inclinatione, A. II. 31.

G

Gualterus, A. IV. 5.
Gelasius, *Episcop. Roman.* II. 14. IV. 5. γενέσθαι ἐν πνεύματι, *quid sensu Scripturæ?* A. II. 6. *phrases synonymæ*, ibid.
Gennadius *de Ecclef. dogmat.* VII. 4.
de Genua Catharin. *Mystica*, A. V. 14. *ejus cordis mirus calor*, 21.
Georgij David, A. II. 24. *blasphemus & Enthusiasta crassus*, 25. A. III. 11. *ejus delirium de futuro seculo sancto*, A. II. 25. *eum excusare valde laborat* Goth. Arnold. ibid.
Gerhard. *de Baptism.* A. VI. III. 2. *Exeges.* VII. 7. A. II. 2. A. IV. 16. *Schola Pietat.* V. 15. *Disput. Theolog.* A. I. 21. A. II. 14. A. IV. 2. sqq.

Gertrudis, VI. Pr. S. IV. 9. *an Fanatica?* ibid.
Gesselij Tilemann. *Hist. S. & Ecclef.* II. 2. IV. 1. V. 17. 21. sqq. VI. Pr. I. VII. 2. *negat lapsum Tertulliani ad Montanist.* V. 21.
Gilbertus Genebrardus, I. 11. *strenuè, sed minus apte Origenê defendit*, ib.
Glassij *Philolog. S.* A. II. 4. A. III. 4. A. IV. 4. 14.
Gomarus, A. II. 4.
Gothofred, Jacob. II. 2. 5. IV. 4.
Gregor. Nazianzen. IV. 3. A. I. 16. A. III. 16. A. IV. 8.
Gretserus, *defens. Bellarm.* A. III. 13. 16. sqq. A. IV. 14.
Grotius, A. I. 16. A. II. 3. 6. A. III. 5. A. IV. 14.
Gründliche Vorstellung/ welches eigentlich das einzig wahre Mittel zur Vereinigung der beeden Evangelischen Religionen in Teutschland ꝛc. A. VI. III. 1. *ejus autor Syncretismi Patronus*, ibid.
Gruteri *Inscript. Antiq.* A. I. App. 2
Guilliaudus Claud. A. I. 5.
Guyonia, *celebris inter Quietistas mulier*, VI. Pr. 2. Post. 11. *ejus dogma de Oratione*, ibid.

H

Hæretici *primorum seculorum*, A. IV. 9. *inprimis Deitatem Christi, & veritatem Scripturæ impugnarunt*, ib. *eorum artes in tegendis erroribus suis*, II. 12. *pessimi præ se tulerunt sanctitatem*, VI. Post. 20.

Halloi-

Halloixius, IV. 1. 4. A. V. 11.
Hamburgenſ. Quacker-Greuel, IV. 10.
Harmenopulus, de ſect. A. I. 20. A. II. 18.
Harphius, *Myſticus celebris*, A. V. 1. *hæreſeos apud ſuos ſuſpectus*, ib. *ejus Theologia Myſtic.* 13. 19. 20. *Boſſueti, Meldenſ. Epiſc. de ea judicium*, ibid. *fatetur, ſe multa hauſiſſe ex ſcriptis Platonicorum*, 19.
Haymo Halberſtad. *in Apocal.* A. II. 3. 4.
Heinſij *Exercit. ſacr.* A. I. 23.
Helena, Simonis Magi *ſcortum*, VI. Pr. S. IV. 7. *dicta etiam* Selene, Luna, ibid.
Helenus, *Vates & Fanaticus*, A. I. App. 2.
Henricus de Erphordia, IV. 2.
Heresbachij *Hiſtor. Anabapt.* A. VI. IV. 2.
Hermannus Contractus, IV. 1.
Hermæ *Paſtor*, A. II. 23. *ſcriptor ſuppoſititius*, ibid. *ejus regula de cognoſcendo Spiritu Diabolico, & Divino, limitanda*, ibid.
Herodotus, A. I. 1.
Heroldus *contra Hæret.* II. 14.
Herſentius Carol. A. V. 4. 17.
Hervuart *de rapt. Paul.* A. II. 6.
Heſychaſta, A. II. 19. *exemplum Enthuſiaſmi illuſorij*, ibid.
Heſychius, A. II. 17.
Hierocles *in Aur. Pythagor.* A. V. 4. II. ſq. 16. 17. 19.
Hieronymus *de Scriptoribus Eccleſiaſt.* I. 10. ſq. II. 2. IV. 1. 3. ſqq. V. 4. 18. 24.

VI. Pr. 1. 6. VII. 2. 4. A. IV. 6. *Epiſt. ad Marcell.* V. 10. 20. VI. Poſt. 17. *ad Cteſiph.* VI. Pr. S. IV. 7. ſq. *ſermo ad Pelagianos*, II. 12. *ſingulariter manſuetus erga* Pelagium, *ſub initium certaminis*, ibid. *poſtea rectè in pertinacem factum hæreticum ſeveritate uſus*, ibid. Tertullianum *magni fecit*, IV. 5. *poſt detectos errores aliter de eo ſtatuit*, ibid. *probè de cauſa lapſus* Tertulliani *ſentit*, VI. Pr. 6. *eum fuiſſe elevatum ad viſionem divinæ eſſentiæ, falſò narrat* Sandæus, A. V. 22.
Higgius Joh. *Fanaticus*, VI. Poſt. 16.
Hilarius, IV. 1. 5. *de Trinitat.* III. 20. A. I. 7. A. III. 12. *de Synodis.* II. 2. III. 16. Hoſium *autorem formulæ fidei Arianæ facit*, II. 5.
Hildegardis, VI. Pr. S. IV. 9. *an Fanatica?* ibid.
Hiſtoriæ Anabaptiſt. Specimen, VI. Poſt. 22.
Hobernfeldius Andr. *Enthuſiaſta*, A. II. 17. *ejus ſomnium de ſeculo Spiritus S. igneo*, ibid.
Hoburg. *Theologia Myſtic.* A. V. 2. ſq. 12. 15. ſq. 19. 22. 26. *Theologia Platonica & Pythagorica*, A. V. 12. 16. ſq. 26. *ejus de Davidis Georgii dogmatibus judicium*, A. II. 25.
Hoë *in Apocalypſ.* I. 11. III. 1. A. III. 2. ſq. 5. 7. 16.
Hoffmannus Melch. VI. Pr. 4. *Anabaptiſta*, ib. *Fanaticus*, A. II. 35. *Pietaſter*, VI. Poſt. 15. *ejus turba in Eccleſia Argentinenſi*, ibid. A. II. 35.

Ho-

Homerus, A. I. 11.
Honorius Reggius, *de Stat. Ecclef. Britann.* A. I. 21. App. 3.
Hoogvvardia Anna, *Fanatica*, VI. Poft. 11.
Horatius, A. I. App. 2.
Horchius, A.V. 26. *ejus Pietifmus fanaticus*, VI. Poft. 14. *Pfeudo-Myftica Theologia*, ibid. & A. V. 26.
Hoornbeck. *Inftitut. Theol.* A. III. 11. *Summa Controverf.* III. 2. fq. 9. fq. 19. 21. VI. Pr. 4. Poft. 10. 14. fqq. 22. A. I. 21. A. II. 8. 11. fq. 17. 21. 24. 32. 34. *Confociat. Evang.* A. VI. III. 2. *ejus affertum de Enthufiafmo ordinario, feu communi omnibus fidelibus & fanctis, contra analogiam fidei eft, & rejiciendum*, A. II. 8. 12. *repugnat famofiori vocis Enthufiafmi fignificationi*, ib. *& Quackeris gratum eft*, ib.
Hornejus, A. IV. 2. fq. 5. 9.
Hornij *Hiftor. Ecclef.* II. 7. 12. III. 3. IV. 9. VI. Poft. 10. 14. 16. 22. A. I. App. 3. A. II. 32. 34.
Hofius, *Cordubenf. Epifcopus*, II. 3. *Vir animi invicti, & maximi eftimatus à* Conftantino M. *Imperat. & omnibus Patribus Ecclefiæ*, ib. *Orthodoxus adhuc Arianis fudes in oculis*, ibid. *centenario major cum Arianis communicat, & confeffioni Arianæ Sirmienfi fecundæ contra* Athanafium *fubfcribit*, 5. *diverfæ Patrum de ejus lapfu, & lapfus caufa fententiæ*, ibid. *lapfus certus eft, nec de eo dubitandum*, II. 5. *caufa non metus exilij*, *ut vult* Hilarius, II. 6. *multò minus nimius divitiarum amor, ut* Ifidorus Hifpalenf. ibid. *nec πολυπϱαγμοσυνη, ut* Gothofr. Arnold. *fingit*, 4. *fed fola fenij imbecillitas, &* Conftantii *Imperat. crudelitas, qui fenem vi & verberibus ad fubfcribendum adegit, ipfo* Athanafio *tefte*, II. 5. fq. III. 12. *lapfus fuit invitus*, II. 7. *nec defectione fua falfitatem Symboli Nicæni comprobavit, contra* Sandium, II. 6. *benigna Patrum de ejus lapfu judicia*, II. 3. fqq. *luctus* Baronii, 7. *non fuperat lapfum* Origenis *&* Tertulliani, ib. *non in lapfu obiit, ut refert* Ifidorus Hifpal. II. 6. *fed fincera acta pœnitentia à lapfu refurrexit*, ibid.
Hofpinianus *de Origin. Templor.* A. I. App. 2.
Hottingerus *in Hiftor. Orient.* A. I. 20. A. II. 21.
Hovvgillius Francifc. *Fanaticus*, VI. Poft. 14.
Huetius *in Origenian.* I. 12.
Hülfemann. VI. Poft. 19. A. I. 22. *de method. ftud. Theol.* A. V. 6. *Manual. Aug. Conf.* A. V. 12. *Breviar.* VII. 13. A. IV. 4. 6. fq. 10. *de auxil. grat. divin.* II. 12. III. 7. A. II. 7. fq. A. III. 7. 10. 13. A. IV. 11.
Humani ingenij lubricitas, I. 1. II. 9. *fuperbia*, 4. *audacia*, ib. *cæcitas*, ibid.
Hunnius Ægid. A. I. 4. 15. A. III. 3. 5. 7. 9. 14. A. IV. 6. 12.
- - - - Nicol. VII. 6. A. V. 15. fq.

Huthchinsonia, *celebris Fanatica*, VI. Post. 10. *secta Quærentium, seu Expectantium nutrix*, ibid. *si non mater*, ibid.
Hutteri *Concord. Conc.* III. 6. sqq.
Hymenæi *lapsus*, I. 7. *errores*, ib. *errorum gravitas*, ib. *Patrum nonnullorum dissensiones circa ejus errores*, ibid.

I.

Jahoda Joh. A. V. 21.
Jamblichus, A. II. 30. A. V. 11. *Theurgicus*, A. I. 19. *vita exterior sancta*, ib. *ejus duo Dæmones*, ibid.
Ignatius *in Epist. ad Trallens.* I. 8. sq. III. 11. *Simonis Magi popularis & coætaneus*, I. 8. *autoritas in Ecclesia*, ibid.
Ignorantia cum fastu, arrogantia, pertinacia, novandi pruritu, & audacia conjuncta, sæpe causa hæresium & errorum, II. 9. 11.
Independentismus, VI. Post. 10. 14. *terror internus Ecclesiæ Reformatæ*, ib. *ex Puritanismo ortus*, ibid.
Independentes *in Anglia*, VI. Post. 22. *Sceptici & sanctuli*, ib. *eorum dissensus*, ibid.
Indifferentismus *religionum*, VI. Pr. S. IV. 7. *Pietismi soror*, ibid.
Innocent. III. Pontif. A. III. 5.
Inspirationes divinæ immediatæ, res fidei concernentes, in Ecclesia hodie non admittendæ, A. II. 15.
Interim Augustanum *recte rejectum*, III. 8. *etiam ab Argentoratensibus*, ib.

mitius justo de eo judicavit Melanchthon, ibid.
Johannes, *testis Jesu Christi*, A. III. 9. *strenuus assertor ejus Deitatis & divinæ nativitatis*, A. IV. 6. *pro illa asserenda suum Evangelium scripsit, contra* Cerinthum, Ebionem, *& alios hæreticos*, ibid.
Joseph. *Antiquit. Judaic.* A. II. 26.
Iracundia sæpe causa lapsus magnorum in Ecclesia Virorum, III. 21.
Irenæus *adversus Hæres.* I. 8. 10. III. 14. V. 2. 16. VI. Pr. 6. S. IV. 7. VII. 12. A. I. 8. sq. *sermo ad Pelagianos*, II. 12. — *Simonis Magi popularis & coætaneus*, I. 8. *autoritas*, ib. *error de generatione Dæmonum*, VII. 12.
Isidorus Hispalensis, A. I. App. 1. *de causa lapsus Hostij*, II. 5. sq. *de lapsi Hostij morte*, ibid.
Ittigius *de Hæres.* I. 7. sqq. III. 19. IV. 1. 9. V. 5. 10. VI. Pr. S. IV. 8. Post. 17.
Junius *in Tertullian.* IV. 1. sqq. V. 23. VI. Pr. 4. 6. 9.
Justina, Valentiniani Imper. *mater*, VI. Pr. S. IV. 8. *filium Ariana hæresi infecit*, ibid.
Justinianus, VII. 17. A. III. 3. 7. A. IV. 8.
Justin. Martyr. *Apolog.* VI. Pr. S. IV. 7. A. V. 8. *Cohortat. ad Græc.* VII. 5. 12. A. V. 8. *Dialog. cum* Tryphon. Jud. A. I. 9. A. III. 10. 13. *error de generatione Dæmonum*, VII. 12. *magnus fautor Philosophiæ Platonicæ*, A. V. 8. *ex diligenti sacrarum literarum lectione ad fidem Christianam conversus*, A. III. 13. *Simonis Magi popularis*

laris, & coætaneus, I. 8. *autoritas*, ibid.
Juvenalis, A. I. App. 1. sq.

K.

Καὶ *particulæ vis & emphasis*, A. III. 4.
Keithius Georg. *Enthusiasta & Quackerus*, A. II. 8. 12. *ejus amic. Respons. ad* Bajer. ibid.
à Kempis Thomas, *non pro Fanatico habendus*, A. V. 13. *ejus scripta non penitus improbantur a Doctoribus Lutheranis*, A. V. 6. 15. *cautè tamen legenda*, 6. Dannhavveri *de eo judicium*, A. V. 15.
Kortholt. *Histor. Ecclesiast.* I. 11.

L.

de Labadia Joh. VI. Post. 14. *ejus characteres morales*, ibid.
Labadismus, terror Ecclesiæ Reformatæ internus, VI. Post. 14.
Labadistæ, crassorum Pietastrorum genus, VI. Post. 14. A. VI. IV. 2.
Lactantius. IV. 1. 3. sq. 9. A. VI. II. 1. 3.
Lætus, VI. Pr. 4. A. I. 21. A. II. 33. sq.
Λαλεῖν *verbi explicatio*, A. II. 13.
à Lapide Cornel. A. I. 5, 18. 25.
Lapsus clarorum in Ecclesia Virorum, I. 8. *temporibus Apostolorum non adeò frequentes*, ib. *post illa frequentiores*, ib. & 5. Hermogenis & Phygelli, I. 6. Hymenæi & Phileti, 7. Simonis Magi, 8. Tatiani, 10. Origenis, 11. 12. Arii, 13. sqq. Eusebii Nicomediens. II. 1. Liberij, 2. Hosij *Cordub. Episc.* 3. sqq. Nestorij, 8. sq. Pelagji, 10. sqq. Eutychis, 13. sq. Carolstadi, III. 2. sqq. Melanchthonis, 5. Flacij, 9. *lapsus alij doctrinæ*, III. 11. *alij vitæ & morum*, ib. *eorum causa*, I. 3. *autor Principalis Diabolus*, III. 11. *causa Ministerialis mundus*, 12. *ejusq; partim illecebræ, partim violentia, & in persequendo furor*, ib. *item seculi vitium, & securius dicta Patrum*, 13. *hypocrisis, & ficta sanctimonia*, 14. *nimia sui fiducia*, ib. *contemptus & neglectus verbi divini*, ib. *nimia in Theologicis curiositas*, 15. *studium novitatis*, 16. *præposterum studium pietatis*, 17. *studium Syncretismi & Libertinismi*, 18. *singularitas*, 19. *ignorantia cum arrogantia & audacia conjuncta*, ibid. *abusus donorum divinorum*, ib. *Philosophiæ abusus*, 20. *eloquentiæ Ecclesiasticæ abusus*, ib. *nimius fervor, iracundia, & inde orta vindictæ cupiditas*, 21.
Larroquanus de Photin. & Liberio, II. 2. 5.
Lassenij *Histor. Quackeror.* VI. Post. 10.
Latitudinaria Theologia, II. 10. A. VI. II. 3.
Leade Johanna, *Anglica Fanatica*, A. VI. I. 4. *de vir. Enochi*, VI. Post. 12. *ejus somnium de restitutione lapsorum angelorum, & damnatorum*, A. VI. I. 2. sqq.
Leidensis Joh. *furor Anabaptisticus*, VI. Pr. 4.

Leigh,

INDEX POSTERIOR.

Leigh Eduard. *Critic. S.* A. I. 12. A. III. 8.

Leo Allatius *de Eccles. Orient. & Occident. perpet. consens.* VI. Pr. S. IV. 4. A. II. 19. A. V. 21. *de Engastrimythis,* A. II. 18.

Leonis I. Papæ, *Epistol. ad Theodos. Imperat.* II. 13.

Lettre sur les Principes & les Caractères des principaux Auteurs Mystiq. VI. Pr. S. IV. 9.

Liberius *Episcop. Roman.* II. 2. *magnus in Ecclesia Vir,* ib. *ejus virtutes eximiæ,* ib. *amor erga Athanasium,* ib. *studium pro fide & religione,* ibid. παρρησία *in Colloquio cum* Constantio *Imperat.* ibid. *confessioni Photinianæ Sirmij factæ, subscripsit,* ib. Bellarmini *&* Baronii *testimonium de lapsu ejus,* ib. *ipsi anathema dixit* Hilarius, ib. *causa lapsus,* III. 12.

Libertini *crassi Enthusiastæ,* A. III. 11.

Libertinismus *sæpius causa lapsuum in Ecclesia,* III. 18.

Lipsius, VII. 5. 13.

Livius, A. I. App. 2. A. II. 21.

Lolinus Aloysius, A. V. 11.

Lorinus, III. 5. IV. 5. 8. 12. sq. 17.

Luciferiani *hæretici,* A. I. 20.

Lupus *Christianus,* IV. 4.

Lutherani *ob dogma de propagatione animæ per traducem, non Tertullianistæ appellandi,* VII. 14. *non aliam divinam efficaciam verbi, aliam Spiritus S. statuunt,* A. III. 14. *nonnullorum Puritanismus,* VI. Post. 16. *minatur Separatismum,* ib.

Lutherus. A. I. 4. A. II. 34. A. IV. 13. 19. *versio Bibl.* A. I. 12. *de serv. arbitr.* A. VI. III. 2. *contra cœlest. Prophetas,* III. 4. A. I. 21. *judicium de illis Doctoribus, qui tantum hominibus placere student,* II. 9. *excusandus, quod de autoritate Epistol.* Jacobi *aliter statuerit, atque hodie statuitur,* A. IV. 19.

Lux *spirituum creatorum,* A. I. 15. *præstantior luce corporum,* ib. *quæ de Deo dicitur, longe eminentissima,* ib. *bonorum Angelorum,* A. I. 16.

Lyranus Nicol. A. III. 5. 7.

M.

Machtildis, VI. Pr. S. IV. 9. *an Faustica?* ibid.

Macrobius, VII. 13.

Magi *Theurgici Gentilium,* A. I. 19. sqq. App. 4. *eorum communicatio cum Dæmonibus,* ib. *externa Sanctitatis & puritatis species,* ibidem.

Maimbourg *Histoire du Lutheranism.* III. 2.

Maimonid. *Mor. Nevochim.* A. I. 9. A. II. 10.

מה שמו *vox quid notet?* A. I. 14.

Malavallus Francisc. VI. Post. 11. *fautor Quietismi* Molinosi, ibidem.

Malderus, A. IV. 17.

Maldonatus, IV. 10. A. IV. 13. *perverse explicat verba Christi,* Joh. XVII. 17. ibidem.

Mallebranche *de la recherch. de la Verit.* IV. 3. 6. 8. sqq.

Manichæi

Manichæi hæretici, III. 10. *eorum error de Pecc. Orig.* ibid.
Marcellina, Vl.Pr. S.IV.7. A.VI.II.4. *impuritate* Carpocrati *marito simillima,* VI. Pr. S.IV. 7.
Marcion hæreticus, Vl.Pr. S.IV. 7. *fœminarum ministerio usus ad decipiendum,* ib. *ejus assecla* Apelles, ib.
Marcus, Valentini hæretici assecla, VI.Pr. S.IV. 7. A.II.20. *pudori & fidei fœminarum insidias struxit,* ib. *ejus muliercula fanaticæ,* ibid.
Maresius, A.V. 6. *Chiliasm. Enerv.* Vl. Post. 23.
Mariana Joh. A. III. 5.
Marsus Paulus, A. I. 1.
Martianay Joh. VII. 10.
Martinus Andr. VII. 3.
Μαρτυρεῖν verbi, I. Joh. V. 6. *significatio,* A. III. 8. sq.
Matthiæ Joh. *furor Anabaptisticus,* VI. Pr. 4.
Maximilla, Montani *Prophetissa,* VI. Pr. S. IV. 8. *Enthusiasmi Diabolici exemplum,* A. II. 27. *ejus arrogantia,* VI. Pr. S. IV. 8. *dogmatum falsitas & absurditas,* ibid. & A. II. 27. 31.
Meisner. Joh. *de Propher.* A. II. 13.16.
Melancholia in homine effectus, A. V. 21.
Melanchthon, III. 5. *Philosophus insignis, & Theologus exercitatissimus,* ibid. *magni a* Luthero *æstimatus,* ibid. *cum inter &* Lutherum *amicitia singularis,* ib. *Parastates* Lutheri, ibid. *merita in opere Reformationis,* ib. *lapsus,* III. 5. *multum negotij fecit in certamine Zanchia-* no, 6. *causa lapsus,* ib. *abusus Philosophiæ,* 5.7. *nimium ejusdem placendi studium,* 6.8. *a* Maimburgio *tamen nimis extensum,* ib. *nimius metus,* 8. *præposterus concordiæ amor,* ib. *errores,* 5.6. *de Sacra Cœna,* 6. *de Synergismo,* 7. *de Adiaphorismo,* 8. *vivo* Luthero *Sacramentariis favere cœpit,* 6. *acriter cum* Luthero *de Articulo S. Cœnæ contendit,* ib. *mortuo* Luthero *factus apertus Sacramentarius, & persecutor Orthodoxorum,* ibid. *de eo* Maimburgij *judicium,* III. 5.6. *& ejus methodo tradendi Theologiam,* Gothofr. Arnoldi, ib.
Meletiani, Pietastri & Separatistæ, I. 13.15.
Melito Sardensis, VII. 4. *de sensu ejus Libri,* περὶ ἐνσωμάτου Θεοῦ *diversæ autorum sententia,* ib. Valesii, Du Pini, & Cotelerii *minus veræ,* ibid. *verior quænam?* ibid. *num errorem, vel erroneas de Deo loquendi formulas ab eo acceperit* Tertullianus, ibid.
Menander hæreticus, A.IV. 9. *blaspheme Spiritum S. se jactavit,* ibid.
Mennonistæ exemplum Enthusiasmi subtilioris, A. II. 32. *eorum confessio majorem spirat in vita sociali tranquillitatem, quam Anabaptistarum Monasteriens.* ibid.
Mennonitæ Anabaptistæ, VI. Post. 22. *eorum mutuus dissensus,* ibid.
Mentzerus, in Exeges. Aug. Conf. III. 4. *Anti-Pist.* A.IV. 4.7.10. *Anti-Sadeel.* A. IV. 10.
Mercerus, A. I. 16.

Messaliani

Meſſaliani hæretici, A.I.20. A.II.18. proles Montaniſtarum, ib. Pietaſtri, VI. Poſt. 13. A. II. 24. *Enthuſiaſtæ celebriores,* ibid. *Enthuſiaſmi Diabolici, & transfigurationis Satanæ in Angelum lucis exemplum,* A.I.20. A.II.18. *viſionem Trinitatis, & communicationem ſingularem cum Spiritu S. jactarunt,* A.I.20. & A.II.24.

Μεταχημαλίζειν *verbi explicatio,* A.I.12.

Μεταχηματισμός, A.I.12. *Satanæ,* ibid. *non uni tantum Diabolo communis, ſed Deo permittente compluribus,* 10. *Pſeudo-Apoſtolorum,* 8. & 12. *ejus diverſitas,* ibid.

Miltiades, VI.Pr.S.IV.8. A.II.29.

Minoës Cretenſis, Enthuſiaſmi fictitij exemplum, A.II.21.33.

Molinoſus, VI.Pr.S.IV.2. *Quietiſtarum autor,* ib. *ejus dogma de oratione,* ib. *de fide obſcura,* 3. *impium, imo abſurdum,* ibid. *Manuduct. Spirit.* A.V.25.

Monachi Theologiæ Myſticæ depravatores, & corrupti autores, A.V.12.24.

Montacutius, IV.3. VII.3.

Montaltius, A.V.21.

Montaniſmus, A.II.34. *multum negotij in Eccleſia creavit,* ibid.

Montaniſtæ, VI.Pr.7. *eorum diverſitas,* ibid. *ſecundum Proculum dicti, & ſecundum Æſchinem, qui?* ibid. *Encratitarum ſurculus,* VI.Poſt.23. *Pietaſtri,* IV.11. *Enthuſiaſtæ ſubtiliores,* VI.Pr.2. *eorum autoritas ob externâ ſanctitatis ſpeciem,* VI.Poſt.18. *errores,* IV.10.ſq. V.4.ſqq. *à Gothoſr. Arnoldo, ſi non probantur,* *in mitiorem partem tamen explicantur,* V.20. *ſingulare ſpecimen transfigurationis Satanæ in Angelum lucis,* A.I.20.

Montanus hæreticus, A.II.18. *exemplum Enthuſiaſmi Diabolici,* ibid. & 27. ſqq. & *Pietiſmi craſſioris,* VI. Poſt.18. A.II.24. A.VI.IV.2. *Enthuſiaſmi fuit notatus, quia Scripturis contraria docuit,* A.II.25. *ejus prophetiæ,* V.5. *magni à* Tertulliano *habitæ,* ibid. *Paracletus,* V.6.ſq. VI.Poſt.18. *Pſeudo-Prophetiſſæ,* Priſcilla, & Maximilla, V.5. VI.Pr. S.IV.8. *cum illis autor ſectæ Cataphrygarum,* ibid. & VI.Pr.S.IV.6. *conceſſit monogamiam,* VI.Poſt.18. *an erraverit in articulo de Trinit.* VI.1. oft.17.

Moreau Carol. Omniloq. Tertull. IV.3.

Mornæi Reſp. ad Ebroic. II.2.

Moſcorovii Catechef. Racovienſ. A. III.8.

Moyencourt ſcriptum Quiet. A.V.25.

Muhammedes, A.I.20. *exemplum transfigurationis Satanæ in Angelum lucis,* ibid. & *Enthuſiaſmi fictitij,* A.II.21.

Muhammediſmi origo Enthuſiaſmus, A.II.33.

Mulieribus in Eccleſia loqui eſt interdictum, V.5. *eorum miniſterio ſæpius uſi hæretici,* VI.Pr.S.IV.8. *exempla,* ibid. Helenæ, Marcellinæ, Philomenæ, Maximillæ & Priſcæ, Conſtantiæ, Lucillæ, Agapæ, ib. Muncerus

Muncerus Thom. A. II. 17. *exemplum Enthusiasmi fanatici*, A. II. 17. *illusorij*, 19. *& fictitij*, 21. *ut & transfigurationis Satanæ in Angelum lucis*, ib. *fundamenta jecit Anabaptismi, & Enthusiasmi*, A. II. 21. *ejus furor Anabaptisticus*, VI. Pr. 4. *delirium de futuro seculo sancto*, A. II. 24.
Mundi partim illecebra, partim in persequendo furor sæpe causa lapsuum in Ecclesia, III. 12.
Musculus Wolffg. A. I. 2.
Μύειν *verbi explicatio*, A. V. 2. sq.
Mysteria Gentilium, A. V. 2. *Mysticorum magna ex parte Enthusiasmum inferunt*, 6. *iisdem Fanaticorum stylus vacuus est*, A. II. 28.
Mysticæ vocis Etymologia, A. V. 2. sq. Homonymia, ib. *& 4. Synonymia*, ib.
Mystica Theologia, A. V. 1. sqq. *Pontificiorum diversæ de ea sententia*, A. V. 1. *certamen de illa inter Galliæ Præsules, Cameracens. & Meldens.* ib. 13. *& 22. Etymologia*, 1. *& 2. Sandæi & Hoburgij dissensu circa rationem appellationis*, 3. *Homonymia*, ibid. sq. *& 15. sensu strictiori quid notet*, 4. *latiori*, 3. *latissimo*, 4. *Synonymia*, A. V. 2. sqq. *& 15. Definitio*, 5. *Sandæi*, ib. *Hugonis de Palma*, ibid. *sanior ex Scriptura S. petita*, A. V. 23. *a Doctoribus Lutheranis tractatur & explicatur*, 6. *nec rejicitur*, 23. *contra calumnias Besoldi, & aliorum*, 6. *ejus specimen B. Arndij, & Gerhardi scripta Ascetica*, 6. *& 15. ejus fatum idem, quod Theologiæ Didacticæ*, 16. *ejus abusus & corruptio*, 7. *& 15. corruptæ causa adjuvans nimius Patrum amor Philosophiæ Platonicæ & Pythagoricæ*, A. V. 7. sqq. *autores primi*, 9. sqq. *Monachi inprimis contemplationibus suis sine ductu Scripturæ indulgentes*, 12. 16. *eam promovit Joh. Erigena, Scotus*, ib. *sternit viam ad Fanatismum*, 13. *ejus specimen Quietismus*, A. V. 1. *tres viæ, Purgativa, Illuminativa, & Unitiva*, 4. sq. *& 19. convenienter quidem Scripturæ S. explicari possunt*, 6. 18. *verum, quia hi termini in schola Platonicorum & Pythagoricorum nati*, ib. *& ad horum mentem à Mysticis explicati*, ibid. *ac à forma sanorum verborum abeunt*, 6. *adq, Fanatismum occultandum apti sunt, ab iis abstinendum*, 6. 19. *Dionysij Areopagitæ de triplici via sententia*, 6.
Mysticæ Fœminæ, A. V. 14. *solicitè ab invicem discernendæ*, ibid.
Mystici, A. V. 4. *solicitè discernendi*, 14. *& judicium de illis ferendum*, ibid. *ab eorum terminis technicis, quia abeunt à forma sanorum verborum, & ad Fanatismum occultandum apti sunt, abstinendum*, 6. *mysteria magna ex parte Enthusiasmum inferunt*, ib. *Amor purus*, 22. *Contemplatio*, A. II. 31. A. V. 13. 19. 21. *Deificatio*, 19. *triplex via, Purgativa, Illuminativa, & Unitiva*, 4. 6. sq. 18. sq. *notat virtutes Platonicas potius, quàm Christianas*, ib. *monstrat potius legem, quàm Evangelium*, 20.

*** *quod*

quod solum nos ducit ad Unionem Mysticam cum Deo, ib. *eorum jactata experimenta dubiæ fidei sunt*, 21. *quia insufficientia, & incerta*, ibid.

N.

Nestorianismi historia scriptor, Ludovic. Doucinus, II. 8.

Nestorius, II. 8. sq. *ex Presbytero Antiocheno Episcopus Constantinopol. ob planè singulare donum concionandi*, 8. *ob quod sibi ipsi mire placebat*, 9. *severus, & magnum Orthodoxiæ zelum simulans*, II. 8. *ob temperantiæ & pietatis externam speciem*, II. 8. III. 17. *singulariaq; dona concionandi apud multos in magna existimatione*, ibid. *sed intempestivus, immodestus, ferox, factiosus, & solida scientia Theologica destitutus*, 8. sq. Gothofr. Arnoldo *mitius justo de ejus errore judicanti, audit clarus, iracundus & turbulentus*, II. 8. *ejus lapsus*, 9. *error de Maria non θεοτόκῳ*, ibid. *lapsus causa & occasio, inprimis fastus, philautia, singularitas, ignorantia cum audacia conjuncta, gratia Principis, & aura popularis*, II. 9. II. 19. sqq. *testimonium* Theodoreti, Vincentij Lirinensis, *&* Socratis, *de ejus fastu & inscitia*, II. 8. sq. Cœlestini Papæ, *de ficta ejus pietate & hypocrisi*, ib. Gothofredi Arnoldi, *de ejus eloquentia Homiletica*, ibid. *ejus defensor* Baronius Cardinal. II. 8.

Nicephor. Callisth. *Hist. Eccles.* I. 15. II. 14. III. 16. V. 4. 16. VI. Post. 18.

— — — Gregor. *Hist.* VI. Pr. S. IV. 4.

Nicetas, I. 4.

Nicolai Henric. *Enthusiasta crassus*, A. III. 11.

Nicolaita, I. 9. *eorum autor incertus*, ib. *eundem* Nicolaum Diaconum, *Stephani Protomartyris collegam, esse, meritò dubitatur*, ibid.

Neo-Nicolaitarum *societas*, VI. Post. 13. *fœminam quandam autorem habet*, ibid. *ejus dogmata extremè impudica, impia, & fœda*, ibid.

Nicolaus, Westphalus, Fanaticus, A. II. 24. *ejus familia Charitatis*, ibid.

Nonnus, VI. Pr. S. IV. 3.

de Noris Henric. II. 11.

Novatiani *hæretici*, A. I. 10. *exemplum transfigurationis Satanæ in Angelum lucis*, ib. *unde* Cathari *dicti*, ibid.

Novatianus, VI. Pr. 1. *Presbyter Romanus*, ib. *ejus lapsus*, ibid. *causa lapsus invidia*, ibid.

Novatorum *in arctum coactorum tergiversationes*, II. 11.

Novatus, VI. Pr. 1. *Presbyter Carthaginens.* ibid. *ejus lapsus*, ib. *causa lapsus invidia*, ib.

Novitatis studium sæpe causa lapsuum magnorū in Ecclesia virorum, III. 26.

Numa Pompilius, *exemplum Enthusiasmi fictitij*, A. II. 21. *leges & sacra sua commendaturus ad Enthusiasmum provocavit*, 33.

O.

O.

Oecumenius, A. III. 6.
Oleastrius, VII. 13.
Ὀμφαλόψυχοι qui? VI.Pr. S.IV.4.
Origenes, I.II.sq. VII.4. A.VI. L.3.sq. *magnus ante lapsum in Ecclesia Vir,* I. II. *tam Gentilibus, quam Christianis, ipso Porphyrio judice, admirandus,* 12. *ejus lapsus,* I.II. *magna DEI in Ecclesia tentatio,* 12. B. D. Hoëo *videtur per stellam è cœlo cadentem, Apoc.* IIX.10. *significatus,* I. II. *errores plures ab Ecclesiæ Doctoribus notati, ib. error Anti-Trinitarius, ib. error de animabus impiorum post mortem in dæmones versis,* VII. 15. *de futura liberatione malorum Angelorum & damnatorum,* A.VI.I.1.sqq. *lapsus causa arrogantia, præsumtio, æmulatio, & philavtia,* I.12.III.19.sq. *ejus defensores,* I. II. *ejus scripta an ab hæreticis depravata,* ibid. B.D. Kortholti & Baronij *sententia,* ib. *etiamsi fuissent depravata, tamen non Origenem id excusat,* ib. *eum thus Diis immolasse, pro calumnia Gentilium habetur,* ibid. *multisq́ difficultatibus pressa traditio est,* ib. *diversa veterum, & Sandij de Origene judicia,* I. II.
Origenismi *historiæ scriptor,* Ludov. Doucinus, I. II.
Orthodoxum vocabulum scoptice exagitatur, II. 10.
Orthodoxus Consens. A. VI. III. 2.
Osius, vid. Hosius.

Οὐδ *particula vis & significatio,* A. IV. 2. sqq.
Ovidius, A. I. 1. A. V. 2.

P.

Pacianus, V. 10.
Palladius, A. I. 18.
de Palma Hugon. Theolog. Mystic. A. V. 5. 18. sq.
Pamelius *in Tertullian.* IV. 1. VI. Pr. 1. 5. VII. 3. 8. 10. 13. sq.
Pamphili Martyris Apolog. pro Origen. I. II.
Παρείσκυσις quid? A. II. 29. *quomodo differat ab* ἐκκίσει, ibid.
Parlamentum Anglicanum Fanatismo aliquando infectum, A. II. 34.
Paschasius, A. III. 5.
Pastio sermonis depascens, character moralis novaturientium in Theologia, I. 7.
Patrum nonnullorum Ecclesiæ error de corporibus Angelorum, VII. 8. *de generatione Dæmonum,* 12. *nimius amor Philosophiæ Platonicæ & Pythagoricæ, causa multorum errorum, & Theologiæ Mysticæ corruptæ,* A. V. 8. *eorum dissensus de autore Nicolaitarum,* I. 9. *eorum incommode dicta sæpe lapsibus occasionem præbuerunt,* II. 12.
Pauli admonitio ad stantes in Ecclesia, I. 2. *requisita Doctoris Ecclesiæ,* II. 9.
——— Diaconi, Histor. Miscell. A. I. 8.
Pearson Vindic. Ignat. IV. 3. 6. V. 8. 17.
Pelagiani *exemplum transfigurationis Satanæ in Angelum lucis,* A. I. 20. *jactarunt pietatem & sanctitatem,* A. II. 24.

A.II.24. *eorum adverſarij acerrimi,* Hieronymus *&* Auguſtinus, II.4. *male propterea habentur à* Gothofr. Arnoldo, ibid.

Pelagius, II. 10. *Scotus & Monachus,* ibid. *acutus vir, & ingenij acerrimi,* ibid. *ſanctus & bonus à multis prædicatus,* ib. *Patribus quoq, inprimis* Hieronymo *&* Auguſtino *valde amatus,* ib. *ejus lapſum ſerio deploravit* Chryſoſtomus, ib. *primam vitam ipſe* Lutherus *probavit,* ibid. *ſed doloſus, callidus, & ſummus fallendi artifex,* ib. *&* 11. Vincentio Lirinenſi *homo profanus,* 11. *Orthodoxiam ſimulans, & pietatem,* ib. *&* III. 17. *non ſolum ſimplicioribus verè piis impoſuit, ſed & Doctores & prudentiores fefellit,* II.10. *& ſq. ejus calliditas etiam ab* Hieronymo *notata,* 11. *multum negotij fecit in Synodo Dioſpolitana,* ib. *tandem ab* Auguſtino *in lucem protracta,* ib. *lapſus occaſio partim ſeculi vitium,* II. 12. III. 13. *partim abuſus donorum divinitus conceſſorum,* III. 20. *partim zelus, neceſſaria doctrina, moderatione animi & prudentia deſtitutus,* II. 11. *error de gratia divina, non injuſte ipſi objectus,* 12. *modus eum tractandi injuſte reprehenditur à* Gothofr. Arnoldo, *ejus defenſore,* ibid.

Perckinſii *Caſus Conſcient:* V. 14. A. VI. Coroll.

Perronius *Cardinal.* II. 2.

Petavij *Theol. Dogm.* VII. 4. A. V. 8. 9. *ad* Epiphan. I. 12. II. 2.

Peters, *Enthuſiaſta fanaticus,* A. II. 33. *ſeditioſus,* ibid.

Peterſenus, A. II. 22. A. III. 1. *Chiliaſta,* I. 7. *ejus ſententia de erroribus* Hymenæi *&* Phileti, ib. *de jactatis revelationibus virginis ab* Aſſeburg, A. III. 1. *ejus falſitas oſtenditur,* ib.

Phantaſia corrupta *ſæpe cauſa* Enthuſiaſmi illuſorij, A. II. 19. *ejus vires ſtupendæ,* ibid.

Philautia *ſæpe cauſa lapſus magnorum in Eccleſia Virorum,* I. 12.

Phileti *lapſus,* I. 7. *errores,* ib. *eorum gravitas,* ibid. *Patrum nonnullorum diſſenſiones circa ejus errores,* ibid.

Philoſophiæ abuſus *ſæpe cauſa lapſus magnorum in Eccleſia Virorum,* III. 20. Eclectica *quid?* A. VI. II. 1. 5. *ab ea ad* Theologiam Eclecticam *male concluditur,* ibidem.

Philoſtorgius, I. 15. II. 5.

Philumena, *Fanatica,* VI. Pr. S. {IV. 7. Apellis *ſocia & ſeductor,* ibid.

Φῶς *vox* 2. Corinth. XI. 14. *quid notet,* A. I. 15. 26. *ejus varia in Scripturis ſignificatio,* ibid.

Photini *hæretici lapſus cauſa,* III. 20.

Photij *Biblioth. Patr.* I. 8. A. V. 11. *ejus judicium de* Juſtino Martyre, ibid.

Piccolomineus, A. V. 19.

Phileti Beneḋ. *de* Conſenſ. *&* Diſſenſ. *inter Reformatos, &* Auguſt. Confeſſ. *fratres,* A. VI. III. 1. ſq.

Picus, VII. 4.

Pietas vera, VI. Poſt. 19. *origine eſt divina, fructus Spiritus* S. *ex fide nata,* ibid.

ibid. *de fidei doctrina, & charitatis sinceritate summé solicita,* 20. *constans & una,* 21. *in ea exercenda multi justo remissiores,* A.I. App. 4. *non Pietismi nomine traducenda,* ib. *falsæ prima origo est Satanas in Angelum lucis transformatus,* VI. Post. 19. *falsa reperitur apud Syncretismi studiosos,* 20. *est inconstans, & multum variat,* 21. *ejus exempla,* ib. *Pietatis & sanctitatis externæ species communis omnibus Fanaticis,* A. I. App. 4. *imò ipsi Satanæ,* ib. *nec illa quisquam debet commoveri,* ibid. *ejus persuasio non conjuncta cum vera scientia grassatur ad abrogationem Adiaphororum,* VI. Post. 16.

Pietismus quid? VI. Post. 18. A.I. 22. App. 4. A.II. 24. A.VI. IV. 1. sqq. *cum vera pietatis, quæ fructus Spiritus S. est, studio minimè confundendus,* A.I. 23. App. 4. A.VI. IV. 1. *eo multi sincerè pii decipiuntur,* VI. Post. 18. *veteris exempla,* A.VI. IV. 1. *recentioris,* 2. *crassi & subtilioris,* ib. *sæpe causa lapsus magnorum in Ecclesia Virorum,* III. 14. *Reformatorum,* ib. *Lutheranorum,* 15. *minatur secessionem,* ibid. *vera pietate, cura & prudentia cohibendus,* VI. Post. 18. A.VI. IV. 2.

Pietista, seu Pietastri, A. VI. IV. 1. sqq. *cum verè Piis minimè confundendi,* A. II. 25. *quodammodo peculiaris secta homines appellari queunt,* A. VI. IV. 2. *eorum nomine nonnisi pertinaces notandi,* ibid. 4. *alii Incipientes,*

VI. Post. 23. *alii Proficientes,* ibid. *alii consummati,* ibid. *qui ferè incurabiles,* ib. *jactant fidei unitatem, & LL. Symbol.* VI. Post. 17. *non tamen ab omni errore religionis immunes sunt,* ib. *omnes Pietatem, ejusq; studium in ore habent,* ibid. A. II. 25. *dissensus in capitibus Pietatis magnus & notabilis,* VI. Post. 23. *eorum austeritas & rigor nimius meritò improbatur,* VI. Post. 15. *studium Separatismi,* ib. *& Syncretismi,* 20.

du Pin Ellies, *Nouvelle Bibliothec. des &c.* IV. 1. sqq. V. 10. sqq. VI. Pr. 6. 8. S. IV. 9. VII. 2. 4. A. II. 2. 5. 13. 29. sq.

Plato, VII. 5. 8. 13. A.I. 9. A.II. 7. 31. A.V. 8.

Platonicorum errores, VII. 5. 8. 11. sqq. *error de Deo corporeo,* VII. 5. *an Tertulliano occasionem erroris de Deo corporeo dederit,* ibid. *de corporibus Angelorum,* 8. *de generatione Dæmonum,* 11. sq. *de anima,* 12. sq. *eorum corrupta Theologia Mystica,* A. V. 4. *triplex via, Purgativa, Illuminativa, & Unitiva,* 6. 11. 18. sq.

Platonismi amor nimius causa multorum errorum, A. V. 8. sqq. *causa corruptæ Theologiæ Mysticæ,* ibid. sqq.

Plotinus, A. V. 11. 19.

Plutarchus, IV. 10. VII. 5. A. I. 15. App. 2. A. II. 7. 10. 28. A. V. 16.

Πνεῦμα *vocis variæ in Scripturis acceptio,* A. IV. 8. 11.

Πνεῦμα τὸ μαρτυροῦν, 1. Joh. V. 6. *quid?* A. III. 5. sqq. *Patrum, Pontificiorum, Calvinianorum, Socinianorum,*

& Lu-

& *Lutheranorum sententia*, ibid. *optimè Lutherani non de Spiritu Christi in cruce emisso*, ibid. *nec Christi Deitate, cujus infinita virtute humana natura communicata à mortuis seipsum resuscitans, demonstravit, quod esset Dei filius*, ibid. 6. *sed de tertia Trinitatis persona intelligunt*, 7. *testatur de verbo Evangelij*, A. IV. 4. sqq.

Poiretus, A. VI. I. 1.
Pollux Julius, A. II. 7. 13.
Polybius, I.
Polycarpus, Ignatij *amicissimus*, I. 9.
Pontificiorum *convitia in Lutheranos ob dogma de Testimonio interno Spiritus S.* A. IV. 17. 20. *objiciunt circulum*, ib. *& spiritum privatum*, ibid. *falsò accusant Lutheranos, Spiritum S. à prædicatione verbi separare, aliamque statuere divinam efficaciam verbi, aliam Spiritus*, ib. *eorum doctrina de Ecclesia propositione & declaratione gravibus urgetur instantiis, & magis circulo laborat*, A. IV. 20. *ex eorum hypothesi nec Spiritui S. per testimonium Ecclesia loquenti satis tutò credi potest*, A. III. 18.

Porphyrius, A. I. 10. 17. 19. A. V. 11. sq. 16. sqq. *ex vindictæ studio à Christianis ad Gentiles defecit*, III. 21. VI. Pr. 6. *commercium ejus cum Dæmonibus*, A. I. 17. *ejusdem dicta de bonis Dæmonibus, vel pro plagio quodam, vel pro schemate malorum Dæmonum habenda*, ibid.

Primasius *in Apocal*. A. II. 3. sq.
Primaticcius Gregor. *in 1. Joh.* A. III. 5.

Prisca *seu* Priscilla Montani *socia*, V. 5. *ejus deliria de conversatione cum Christo*, ibid. VI. Pr. S. IV. 8. *de Christo habitu muliebri secum dormiente*, A. I. 20. *magni habita à Tertulliano*, V. 5. *& à quodam Episcopo Romano*, ibid. *exemplum Enthusiasmi Diabolici*, A. II. 22. 27. 31.

Priscillianus, VI. Pr. S. IV. 8. *in seducendo mulierum opera utitur*, ibid.

Probatio spirituum *summè necessaria*, A. I. App. A. II. 23. *piè & solicitè instituenda*, ibid. *notanda ex verbo Dei*, A. II. 23. 25. *non ex adulatione*, ibid. *nec ex sola sanctitate externa*, 24.

Proculus, Montanistarum *princeps ac primipilus*, VI. Pr. 7. *à Tertulliano maximi habitus*, ibid.

Prophetæ, *testes Jesu Christi*, A. III. 9. A. IV. 9. *non confugerunt ad Ecclesiæ propositiones, sed ad vim verbi sui provocarunt*, A. III. 18. *eorum lectione Theophilus Antiochenus ad fidem Christianam conversus*, A. III. 10.

Prophetiæ *de rebus fidei in Ecclesia hodie non admittendæ*, A. II. 15. *ad Ecclesiæ & Reipubl. statum & fata, vel sortem piorum, & alia futura contingentia pertinentes, nec simpliciter omnes recipiendæ, nec temerè omnes rejiciendæ*, A. II. 16. *ex Scripturis dijudicandæ*, 25.

Propheticum lumen *non vera nota Ecclesiæ*, A. II. 16.

Προσέχειν *verbi explicatio*, A. IV. 16.

Protestantium Ecclesiarum unio, A. VI. III. 1. *non per Politicos tantùm, sed & Theo-*

& *Theologos tractanda*, ib. *impossibilis ob dissensum fundamentalem*, 2.
Proteus, *Rex Ægypti*, A.I.1. *fabula de eo*, ibid.
Psellus *de Operat. Dæmon.* A.I.10. A.II.18.
Pseudo-Apostoli, A.I.7.20. *exemplum transfigurationis Satanæ in Angelum lucis*, ib. *eorum autor ab Epiphanio creditur* Cerinthus, ibid.
Pseudo-Propheta *exemplum Enthusiasmi Diabolici*, A.II.26.
Pseudo-Trismegistus, A.V.16.
Ptolomæus, Valentini *assecla*, VI.Pr. S.IV.7. *ejus gregalis quædam* Floria, *Fanatica*, ibid.
Puritani *in Anglia, Belgio, Gallia, & Germania*, III.4. Jacobo I. *Angliæ Regi suspecti*, A.I.22. *adiaphororum hostes*, ib. *exemplum transfigurationis Satanæ in angelum lucis*, A.I.21. *eorum furor*, III.4. *diversitas*, ibid.
Puritanismus *quid?* VI.Post.14. A.I.21. *ejus origo*, ib. *autores*, ib. *parricidii Anglicani causa*, ib. Brownismi, Separatismi, Independentismi & Quackerismi *mater*, III.4. A.I.21. *Ecclesiæ Reformatæ terror internus*, VI.Post. 14. *nonnullorum Lutheranorum*, 16. *minatur Separatismum*, ibid.
Pythagoras, A.V.8.11.
Pythagoricorum *Theologia Mystica*, A. V.4. *triplex via, Purgativa, Illuminativa, & Unitiva*, 6.11.18. sq.
Pythagorismi *amor nimius multorum Patrum*, A.V.8. *causa multorum errorum*, ibid. *causa corruptæ Theologiæ Mysticæ*, A.V.4.

Pythia Delphica, A.II.18. *ejus furor fuit Diabolicus, non simulatus*, ib. *contra* van Dale, ibid. *exemplum Enthusiasmi Diabolici*, ibid. A.II.26.28.

Q.

Quackeri *exemplum Pietismi crassioris*, A.II.24. A.VI.IV.2. *eorum Enthusiasmus Diabolicus & illusorius*, A. III.1. *quies*, VI.Pr.S.IV.4. *tremor*, A.II.20. *ortus partim ex nimia facultatum intensione, partim ex motione mali Dæmonis*, ibid. *monstrosa dogmata*, A.II.34.
Quackerismus, *Ecclesiæ Reformatæ terror internus*, VI.Post. 14.
Quensted. *System. Theolog.* A.IV.10.
Quies *vera & unica in Deo, tanquam summo bono, & cordis nostri centro*, A.V.21.
Quietismus, A.V.25. *species abusus Theologiæ Mysticæ*, ibid. *ulterius justo adhuc pergit*, ibid. *ejus errores*, ibid. *Amor speculativus*, ib. VI.Pr. S.IV.2.sqq. ἀπάθεια *in hac vita possibilis*, ibid.
Quietistæ, VI.Pr.S.IV.2. sqq. *eorum autor* Molinosus, ibid. Quackeris *accedunt*, 4. *jactant visiones & immediatas revelationes*, ib. *eorum libertas prophetandi*, VI.Post.11. *Confraternitates & conventicula*, VI.Pr. S.IV.5. *Oratio quietis*, 2. *repugnat Pauli doctrinæ de Justificatione & imperfectione nostra*, ib. sq. *à Galliæ Præsulibus refutata*, ibid. *Amor con-*

contemplativus, ibid. *eorum aliquod genus in Oriente*, 4. *Propositiones ab Innoc. XII. Pontifice condemnatæ*, VI.Pr. S. IV. 5. A. V. 21.
Quintilla, *vid.* Priscilla.

R.

Rambam, A. I. 9.
Rappinus, A. II. 31.
Rappolt. *Differt. de Christianism. Virgil.* A. II. 27.
Raptus divinus quid? A. II. 6. *non planè coincidit cum ecstasi divina,* ibid. *Pauli in tertium cœlum,* ib. *non fuit sine ecstasi,* ibid.
Ratio, Dei hostis, III. 22. *Libertinismum, Indifferentismum & Eclogismum religionum inducit,* ibid.
Rechenberg. *Differt. de Interim. Augustan.* III. 8. VII. 12.
Reformatarum Ecclesiarum terrores interni, Puritanismus, Quackerismus & Labadismus, VI. Post. 14.
Regicidium Anglicanum effectus Enthusiasmi, A. II. 33.
Regii sanguinis clamor ad cœl. A. II. 34.
Regino, IV. 2.
Religio ex sola Scriptura S. petenda, A. VI. II. 4. sq. *nec pro lubitu eligenda,* ibid.
Reliquiarum cultus ex revelatione divinitus facta probari nequit, A. I. 29. *contra* Bellarm. ibid.
Renovationis studium in hac vita imperfectum, A. I. 23. *non Pietismi nomine infamandum,* ibid.

Revelationes immediatæ res fidei concernentes in Ecclesia hodiè non admittendæ, A. II. 15. *ad Ecclesiæ & Reipubl. statum & fata, piorum item sortem, & alia futura contingentia pertinentes, solicitè dijudicandæ,* 16. 25.
Rhenanus, *in Vit. Tertull.* IV. 1. sqq. V. 12. 21. VII. 3. 8. 10. 13.
Rhodon, VI. Pr. S. IV. 7.
de Ribera Francisc. *in Apocal.* A. II. 3. sq.
Rigaltius, V. 5.
Rivetus, A. II. 15. *Cathol. Orthod.* A. IV. 12. 16. *Critic.* IV. 10.
Robinson Johann. VI. Post. 14. *Independentismi in Anglia autor,* ibid.
Rovenus Philipp. A. V. 13.
Rous Francisc. *de interior. regn. Dei,* A. V. 1.
יהוה *vocis significatio,* A. IV. 8. 11.
Ruffini *Histor. Eccles.* I. 15. A. III. 13. *sententia de depravatione librorum* Origenis, I. II.
Rupertus, A. II. 6.
Rusbrochius, *inter Mysticos magni æstimatus,* A. V. 13. *hæreseos Pontificiæ suspectus,* ibid. *judicia* Sandæi, Gersonis, *&* Bossueti *de ejus scriptis,* ibid.

S.

Saa Emanuel, A. III. 5.
Sabbathi *de jure Disputatio,* VI. Post. 16. *Brownizat, & Puritanizat,* ibid.
Sadeel, A. VI. Coroll.
Salmero, A. III. 7.

Sammael

Sammael *Ebræorum*, A.I.9.
Sanctitas externa non est nota discretiva Enthusiasmi Divini à Diabolico, A. II. 24. est speciosissima Diaboli impostura, & aptissimum decipiendi medium, ib. si Enthusiasmum Divinum à Diabolico debet distinguere, etiam doctrinæ veritas accedat, necesse est, 25.
Sandæi *Theolog. Myst.* A.V.1.sqq. 13. 18. sqq. *nullo fundamento probat,* Augustinum & Hieronymum *elevatos esse ad visionem divinæ essentiæ,* A.V.22.
Sandhagen, I.7.
Sandij *Histor. Eccles.* II.2.IV.1. *strenuus* Origenis *laudator*, I.11. *excusat* Arium, 13. *falso dicit, omnes Historicos tradere,* Hosium ad Arianos *transiisse,* II.5. *& defectione sua falsitatem Symboli Nicæni comprobasse,* 6. Tertullianum *inter antecessores* Arii *injuste refert*, IV.3.
ŚŃ, seu Σατανᾶς *vocis significatio*, A.I.9. *diversæ de ea Doctorum sententiæ,* ib. Etymologia, ib. Homonymia, 10.
Satanæ *malitia est profunda,* A.I. App. 4. A.II.23. *induit speciem Angeli lucis,* A.I.17.25.27. A.II.25. *& efficacissime fallit non tantum Gentiles*, A.I. 27. A.III.1. *sed & fallere pios, Deo permittente, sæpe molitur,* ib. *etiam vera dicendo mentitur,* A.I.18. *Dei simius est,* ib. *ejus transfigurationis varietas,* A.I.17.22.25. A.II.23. *ejus apparitionis sub specie Christi crucifixi an dentur exempla ?* A.I.25. *an apparentem sic adorare liceat?* ib. Thyræi,

Thomæ, & Bresseri *sententiæ,* ib. *rutius istæ apparitiones rejiciuntur, omnisq; adoratio ceu peccaminosa omittitur,* ibid.
Scaliger Joseph. VII. 2.
Schelvvig. Sectirische Pietister. IV.10. VI.Pr.4. Post. 13.17. A.II.17. A.VI. IV.30.
Scherzer. *Colleg. Anti-Socin.* A.III. 7.sq. A.VI. Coroll.
Schlüsselburg. *Theol. Calvin.* III.5.8. *Catal. Hæret.* III.8. VI.Pr.4.
Schmid. Seb. VI. Post.19. VII.10. A.I. 9.16. A.II.5. A.III.3.sqq. A.IV. 8,sqq. A.IV.13. *Colleg. Biblic.* A.I. 14.16. *de serv. arbitr.* A.VI. III.2.
Scholasticæ *Theologiæ origo*, A.V.12.
Schomeri *Collegiatismus*, A.II.18.
Schurmannia Anna Maria, VI.Post. 14. Joh. de Labadie *assecla,* ib. *ejus* Εὐκληείᾳ, ibid.
à Schvvenckfeld. Casp. A.I. App. 4. *ejus turba Argentinæ mota,* A.II. 35. *externa pietatis & sanctitatis species,* A.I. App. 4.
Scriptura S. *sui interpres infallibilis,* A.IV.16. *est sola regula & judex tum interpretationis,* A.II.15. *tum doctrinarum, cum doctorum,* ib. A.II.23.24. *ejus veritas divina,* A.IV.14. *& certitudo divina,* A.IV.16. *nonnisi ex Scripturâ habetur,* ib. *sola fidei certitudinem parit,* A.I.28. *ei soli attendendum,* ib. *efficacia divina,* A.III.11. *seposita etiam Ecclesiæ autoritate & propositione,* A.III.13. A.IV.14. *à* Basilio *hinc potens & operosa* Spiri-

tus Dei revelatio dicta, A. III. 12. ad ejus vim provocarunt Prophetæ & Apostoli, A. IV. 18. ejus lectione Justinus Martyr ad fidem Christianam conversus, A. III. 10. ei inseparabiliter inspirando assistit Spiritus S. A. IV. 18. est testis de Jesu Christo, A. IV. 9. ἐρμ. νεώς quomodo instituenda, A. II. 15. interpretationes ex immediata Dei vel Angelorum revelatione profectæ meritò suspectæ, A. I. 28. ejus interpreti ministeriali simplicitas curæ esse debet, A. IV. 8.

Sculteti *Annal. Evangel.* III. 2. sqq.
Seculi vitium sæpe causa lapsuum magnorum in Ecclesia Virorum, III. 13.
Semidocti prurientes, in Ecclesia & Politia pestilentissimi, III. 19.
Seneca, II. 6. III. 13. VII. 5. 13. A. I. App. 2. A. V. 17. A. VI. II. 5.
Sibyllarum Enthusiasmus, A. II. 27. 31. non sine furore fuit, 30.
de Siena Catharin. A. V. 14. Mystica, ibid.
Simeon Xerocerci Monaster. Abbas de sobriet. & attent. VI. Pr. S. IV. 4. A. II. 19. A. V. 21.
Simon Magus hæreticus, I. 8. verè credidit, ib. lapsus nefandorum dogmatum, & scelerum autor factus, ibid. negavit veritatem Scripturæ, & divinitatem Christi, & Spiritus S. A. IV. 9. seipsum jactavit Spiritum S. ibid. ob blasphema dogmata, & perversos mores, in tota Antiquitate pessime audivit, I. 8. judicia Ignatij, Irenæi, & Justini Martyris de eo vera & fide digna, ib. ea non probare vult Goth.

Arnoldus, ibid. qui satis frigidè de ejus impietate sentit, ibid. hypocrita summus, avarus, ambitiosus, & nec ipso Arnoldo abnuente, lascivus, & libidinosus, ib. lapsus causa, III. 18.
Singularitas sæpe causa lapsuum magnorum in Ecclesia Virorum, III. 19.
Sirmondus, II. 5. V. 10.
Sixti Senens. *Bibliothec.* VII. 4.
Sleidanus *de statu Religion.* III. 9. A. I. 21. A. II. 17. 32.
Slichtching Jon. A. III. 7.
Soarius, A. V. 21.
Socinianorum lusus cum articulis, A. III. 8.
Socinus, A. IV. 7.
Socratis *Hist. Eccl.* I. 15. sq. II. 1. sqq. 8. sq. III. 19. sq. VI. Pr. S. IV. 8.
Scebadius, Agenni Galliarum Episcopus, II. 3. Hosij laudator, ibid.
Somnia meritò suspecta, A. I. 28. res fidei concernentia in Ecclesia hodie non admittenda, A. II. 15. ad Ecclesiæ & Reip. statum & fata, piorum item sortem, & alia futura contingentia pertinentia, nec simpliciter recipienda, nec temerè rejicienda, 16. ex Scripturis dijudicanda, 25.
Sonntag. *de Fanaticismo*, A. II. 25.
Sorores adoptivæ quæ? VI. Pr. S. IV. 8.
Southvvell. *Analys. fidei*, A. III. 13. A. IV. 17. 20.
Sozomeni *Hist. Eccles.* I. 13. sqq. II. 3. sqq. III. 16. A. I. 29.
Spanhem. *Introduct. ad Hist. Eccl.* I. 12. II. 1. 10. IV. 10. VI. Pr. S. IV. 9. *de Origin. & progress. Anabapt.* A. I. App. 3.

Speneri

INDEX POSTERIOR.

Speneri Theologische Bedencken de Enthus.& Revelat. VI.Pr.4. A.V.27.
Spinosa Bened. Empecta, A.II.10. ejus ineptiæ de causis Enthusiasmi, ibid. Theolog. Polit. ibid.
Spiritus vocu varia in Scripturis significatio, A.I.14. A.IV.8.11. familiarem qui habere dicuntur, non pro Enthusiastis formaliter talibus habendi, A.II.31.
Spiritus S. à verbo nec in unico actu separandus, A.II.7.sq. A.III.10. à verbo eum separant Enthusiastæ, A.III.11. Ecclesiæ assistit nō inspirando, sed aspirando, mediatè per verbum, A.IV.18. sacris literis autem ob inspirationem assistentia inseparabili, ib. est testis propriè dictus, A.III.8.13. de Jesu Christo, A.III.6. A.IV.6. de veritate Evangelij, A.III.8. A.IV.4.sqq. 9.sq. ejus testimonium internum, A.III.9. sqq. A.IV.19. perficitur per verbum, A.III.11. A.IV.18. ejus effectus, A.IV.16. non conjecturalis opinio, A.III.9. sed divina certitudo, ib.19. Scripturarum, tam ratione originis, quam doctrinæ, A.IV.16. potest tamen per malitiosam resistentiam impediri, ib. non opus habet autoritate & propositione Ecclesiæ, A.III.12.sq. A.IV.14.sqq. contra Southvvellum & alios, ib. atrocibus & virulentis convitiis petitur à Pontificiis, A.IV.17.sqq.
Spirituum probatio summè necessaria, A.I.App.4. piè & solicitè instituenda, A.II.23. ex verbo Dei, ibid.25.

non ex adulatione, nec ex sola sanctitate externa petenda, ibid.24.
Spondanus, VI.Pr. S.IV.8. A.VI.II.4.
Stella Didacus, VI.Post.18.
Stobæus, VII.5.
Stoicorum errores, VII. 5. sqq. error de Deo corporeo, ibid. an dederit Tertulliano occasionem erroris de Deo corporeo, ib. de corporibus Angelorum, 8. de generatione Dæmonum, 11. de mortalitate, corporeitate, effigie & colore animæ, 13. de statu animarum post mortem, 15. eos ob tristitiam, & ingenij asperitatem præ Platonicis æstimavit Tertullianus, p.13.
Stolterfothus Jacob. A.II.16.
Storck Nicol. Enthusiasta, A.I.21. ejus furor Anabapt. VI.Pr.4.
Strabus Fuldensis, A.III.5.
Strada Famianus, III.4.
Strangeria Hanna, Quackera, VI. Post.10. Naylorum, ceu Messiam fuit venerata, ibid.
Strauchius, de Waldens. III.13.
Strigelius Victorinus, III.10.
Stryckius Joh. Samuel, VI. Post.16.
Suarez, A.V.13.21.sq.
Suicerus, de Eccles. Reformat. terror. intern. VI. Post.14. VII.18.
Sulpitij Sever. Histor. Ecclef.II. 3.5. VI.Pr. S.IV.8. A.I.18. Hosij summus laudator, II. 5. mitius judicat de lapsu Hosij, 6.
Sylburgius, A.II.7.
Syncretismus, A.I.22. laxat disciplinam Christianam, ib. nec solicitus est de fidei consanguinitate, ib. fallaciter promo-

promovet concordiam inter dissentientes, ib. Pietismi soror, VI.Pr.S.IV.7. ejus amor sæpe causa lapsuum magnorum in Ecclesia Virorum, III.18.
Synesius, l.1.
Synodus Charentonens. A.l.22.
— — — Constantinopol. II.14.
— — — Dordracena, A.III.11. malè distinguit inter operationem verbo Dei propriam, & peculiarem Spiritus S. ab ipsa verbi operatione distinctam, ibid.
— — — Nov-Anglicana, VI.Post.10. mulieribus potestatem clavium concedit, ibid.

T.

Tannecke Dionysia, Fanatica, VI. Post.11.
Tannerus, A.VI.Coroll.
Tatianæ hæreseos adversarij, l.20.
Tatianus, l.10. ante lapsum magnus in Ecclesia Vir, ib. ejus laus apud Hieronymum, ib. lapsus, ibid. lapsus causa, contemptus Scripturæ, ibid. & III.14. & præposterum studium pietatis, 17. valde fuit elatus & inflatus, l.10. Pietastrorum & sanctulorum antesignanus, ib. A.II.24. III.17. ejus convitia in nuptias & conjugium omne, tam regenitorum, quam irregenitorum, ib. III.17. VI.Post.21. error de generatione Dæmonum, VII.12. nimius amor Philosophiæ Platonicæ & Pythagor. A.V.8. Encratitarum autor, l.10. Montanistarum & Nova-

cianorum hypocriseos primus fundator, III.17. ejus defensor strenuus, Gothofr. Arnoldus, l.10.
Taulerus, Mysticus celebris, A.V.13. non pro Fanatico habendus, ib. ejus scripta non penitus improbanda, 15. sepulchrum in Colleg. Acad. Argent. 13. de eo judicium Dannhaueri, 16. Bossueti, & Suarezii, 13.
Terentius, l.4.
Tertullianistæ, IV.2.sq. VII.1. unde sic dicti, ibid. origo, ibid. eorum rarior apud veteres mentio, 2. sedes præcipua Carthago fuit, ib. & 12. illos inter, & Tertullianum quæ sit comparatio, 2.7. ab initio non penitus ab Ecclesia rejecti, VII.2.12. postea verò ob pertinaciam errorum ab Augustino inter hæreticos relati, 7. eorum error de Deo corporeo, ibid. de corporibus Angelorum & Spirituum, 8. de generatione Dæmonum, 9. de corpore, effigie, & colore animæ, 13. de animabus impiorum, post mortem in Dæmones conversis, 15. non rectè explicarunt dogma de propagatione animæ per traducem, 14. conventicula, 17. duratio, 29. reliquiæ, V.3.
Tertullianus JCtus, diversus à Tertulliano Presbyt. Carthag. IV.2. an martyrium passus, ib. meritò dubitatur, ibid.
Tertullianus Presbyter Carthagin. l.8. III.12.21. IV.3.sq. VI.Pr.S.IV.7. VII.3.5.8.sqq.13.sq. A.II.21. A.IV.6. diversus à Tertulliano JCto, IV.3. ejus ortus, IV.1.sqq. Parentes, ibid.

ex

ex gentili Christianus, ib. *ejus laus & autoritas in Ecclesia ante lapsum magna*, l. 5. IV. 5. *merita in Ecclesiam*, IV. 4. *eruditio excellens*, IV. 3. VI. Pr. 3. VII. 13. *amator summus Philosophiæ Stoicæ*, ib. *ejus scripta contra Gentiles, Judæos, & Hæreticos*, IV. 4. *genuina & adulterina*, ib. *orthodoxa*, ib. & 10. *Montanizantia*, 11. *& Montanistica*, ibid. *ejus de scriptis judicia*, ib. 5. sq. 10. sq. *ingenium austerum, asperum, durum, rigidum, vehemens*, IV. 6. VI. Pr. 3. *credulum*, IV. 7. *fanaticum*, 8. *defectio ad Montanistas Patribus nonnullis, & recentioribus, dubia videtur*, IV. 1. *imo negatur à* Tim. Gesselio, V. 21. *sed nullo fundamento idoneo*, ib. 23. *cur*, ib. *est certa*, V. 3. *eam fatetur ipse* Tertullianus, V. 18. *nec negat* Gothofr. Arnold. IV. 1. V. 19. *à lapsu tamen eum vindicare, frustra laborat* Arnold. ib. 1. 5. V. 20. *benignius quoq; justo de ejus lapsu sentit* Junius, V. 23. *lapsus veritas ostenditur*, IV. 20. sqq. *gravitas*, ib. *lapsus causa*, VI. Pr. 1. sqq. *varia à Scriptoribus allegantur*, ib. Baronij *sententia de ejus ambitione & invidia, ob prælatum in Episcopatu* Victorem, *minus probabilis*, ib. *nec* Pamelij *verior*, ibid. *falso quoq; is tribuitur contemptui antiquæ Patrum traditionis à* Tertulliano *commisso*, 2. 9. *causa vera & prima, contemptus verbi Scripti, & deceptio per Paracletum* Montani, ib. *Ecstasium & revelationum magna æstimatio*, ib.

disponens interna, ac præparans, imbecillitas ex qua credulitas, VI. Pr. 3. *inclinans, amor Fanatismi*, 4. *& vitæ austerioris*, 5. *externa impellens, invidia & contumelia Cleri Romani*, 6. *non abnuente* du Pino *contra* Baronium, ib. *promovens & perficiens, quidam* Proculus, 7. *maximi ab eo habitus*, ib. *à lapsu non resurrexit*, 8. *secessit etiam à* Montanistis, VII. 2. *& 16. & instituit conventus privatos*, ib. *lapsu suo magnum dedit scandalum*, VI. Post. 18. *ejus convitia in Orthodoxos*, IV. 11. V. 11. VI. Pr. 5. sqq. *errores*, IV. 8. V. 2. sqq. VII. 2. sqq. *alij* Montanistici, *alij peculiares & proprij*, V. 3. VII. 2. sq. *primus de ecstasibus, visionibus, & revelationibus*, IV. 8. V. 5. *de Paracleto* Montani, V. 5. sqq. *de Traditionibus à Paracleto* Montani *confirmatis*, 9. *de Pœnitentia lapsorum secunda, vel tertia vice*, 10. VII. 3. *de delectu ciborum, & jejunio*, V. 11. *de nuptiis secundis, vel tertiis*, 12. VI. Post. 21. *de fuga in persecutione*, 13. *de libertate Christiana*, IV. 11. V. 14. *de Chiliasmo*, ib. V. 15. *erronea de Deo corporeo loquendi formula*, VII. 3. *ob zelum pro asserenda Trinitate eum absolvit ab hac hæresi* Augustinus, ibid. sqq. *error de corporibus Angelorum & Spirituum*, 8. *de generatione Dæmonum*, 9. sq. ib. & sq. *de anima corpore, effigie, & colore*, 13. *ejus tamen immortalitatem recte contra Stoicos asseruit*, ib. *error de animabus impiorum* *in Dæmones post mortem conversis*, 15. *nuspiam in ipsius scriptis legitur*, ib. *ipsi imputandum esse, merito dubitatur*, ib. *male audit ob dogma de propagatione animæ per traducem*, VII. 14. *sed immerito*, ib. *ab eo orti Tertullianistæ*, VII. 1.

Tertullij hæretici, IV. 2.

Testari quid? A. III. 8. sq. de veritate Evangelij, competit omnibus personis Trinitatis æqualiter, ib. Spiritui S. appropriative, ibid.

Testimonium internum Spiritus S. quid? A. III. 1. 9. sq. A. IV. 19. soli ite cognoscendum, A. III. 1. unde certitudo ejus probatur, ib. est perpetuum, A. III. 10. datur omnibus devote legentibus & meditantibus Scripturam S. ibid. non per modum habitus permanentis, sed per modum actus transeuntis, ib. nec immediate, sed mediate, per verbum, II. A. IV. 18. competit Scripturæ S. per se, A. III. 12. sqq. A. IV. 14. seposita autoritate & propositione Ecclesiæ, ib. contra Southvvellum, & alios Pontif. ib. ejus effectus, A. IV. 16. non conjecturalis opinio, ibid. & A. III. 9. sed divina Scripturarum tam ratione originis, quam doctrinæ, certitudo, A. III. 9. A. IV. 16. sqq. habet tamen suos gradus, ibid. potest per malitiosam resistentiam impediri, A. IV. 16. atrocibus & virulentis conviciis à Pontificiis proscinditur, A. IV. 17. sqq.

Testium variæ classes, A. III. 9. cœlestes, & terreni, A. III. 7.

Theodoretus, I. 4. 6. 8. 10. 13. sqq. II. 2. sq. 8. sq. III. 14. 19. IV. 4. V. II. VI. Pr. 7. S. IV. 8. Post. 13. 17. VII. 3. sq. A. I. 2. sq. 12. 15. 20. A. II. 16. 18. 24. A. VII. II. 2.

Theologia Latitudinaria, II. 20. A. VI. II, 3.

- - - - *Moralis*, I. 6. *usus in inquirendis characteribus lapsorum in Ecclesia*, ib.
- - - - *Mystica*, vid. *Mystica Theologia*.
- - - - *Scholastica*, vid. *Scholastica Theologia*.

Theophylactus, I. 4. A. I. 2. sq. 12. 15. A. III. 9. A. VI. II. 4.

Theophilus Antiochenus, A. III. 10, -13. conversus ad Christianismum ex lectione sacrarum literarum, ibid.

Theresia, Mystica, A. V. 14.

Theurgici qui? A. I. 19. eorum exempla profana, ib. Ecclesiastica, ibid.

Thomas Aquinas, A. I. 25. A. II. 6. A. V. 21.

Thomasius Jacob. A. V. 4. sq. 12. 24.

Thuanus, III. 4. 9. sq.

Thyræus de Apparit. Christ. A. I. 25. de Dæmoniac. A. II. 31.

Toletus, A. IV. 20.

Torniellus Augustin. in Annal. VII. 10. sq.

Traité historiq. sur la Theolog. Mystiq. VI. Pr. S. IV. 9. Post. II. A. V. 1. 4. 19. 24. ejus autor creditur Jurieu, ibid.

à Trinitate Philipp. Theol. Mystic. A. V. 19.

V.

V.

de Valentia Gregor. A.IV.17.
Valentiniani hæretici, A.II.21. Enthusiastæ, ib. Perfectistæ, A.II.24.
Valentinianus, V.2. fraudulentus in explicanda sua hæresi, ibid.
Valentinus hæreticus, III.21. ejus character moralis, ib. ex vindictæ studio in hæresin lapsus, ibid.
Valesius ad Euseb. Hist. Eccl. II.4. IV.2. VI.Pr. S.IV.8. VII.4. A.II.2. II, 17. 24. 29.
Varen. Decad. Mosaic. VII.10.
Varro, A.I. App.1.
Vasquez, A.V.21. A.VI.Coroll.
Vatablus, A.IV.5.
Vedel. Arcan. Arminian. III.23.
Ventriloqui qui? A.II.18. exemplum Enthusiasmi Diabolici, ibid.
Verbi Dei vis & efficacia intrinseca, A.III.11.13. A.IV.11. non indiget accessoria, ib. nec datur accessoria, ib. est eadem, quæ Spiritus S. ib. in usu legitimo auditionis vel lectionis sentitur, ib. ad eam Prophetæ & Apostoli semper provocarunt, A.IV.18. internum, conjunctum cum verbo externo, est ipsum testimonium Spiritus S. A.II.14. separatum à verbo externo, est fanaticus Enthusiasmus, ibid.
Versio Erasmi, A.I.2.12. A.II.6.
- - - Italia, A.I.2.
- - - Lutheri, A.I.2.12. A.IV.4.
- - - Seb. Schmidij, A.I.2.11. A.III.2.
- - - Vulgata, A.I.2. A.III.2. A.IV. 2.5.8.

Vetteria Anna, Fanatica, VI. Post.11.
Vigilius Tapsitanus, II.5.
Vincentius Lirinens. II.8.sq. III.19.sq. IV.3.sqq. V.19. VI. Post.18.
Vindictæ cupiditas sæpe causa lapsuum in Ecclesia, III.21.
Virgilius, A.I.1. App.1.sq. A.II.11.
Viri Quintæ Monarchiæ, A.II.17. exemplum Enthusiasmi fanatici, ibid.
Visiones meritò suspectæ habentur, A.I.28. à Luthero rejectæ, V.25. res fidei concernentes in Ecclesia hodie non admittendæ, A.II.15. ad Ecclesiæ & Reipubl. statum & fata, piorum item sortem, & alia futura contingentia pertinentes, nec simpliciter recipiendæ, nec simpliciter & temere omnes rejiciendæ, ibid. ex Scriptura dijudicanda, 25.
Vives Ludov. VII.8.
Unio Ecclesiarum Protestantium, A.VI. III.1. non per Politicos tantùm, sed & Theologos tractanda, ib. est impossibilis ob dissensum fundamentalem, 2.
Voëtius Gisbert. IV.9. A.V.1.4.6. 13.sq.24.
Vorstius Conrad. A.I.6.11. Neo-Tertullianista, VII.7.
Vossij Gerard. Joh. Histor. Pelag. II.10.sqq. Etymol. Rom. A.I. App.2.

W.

Wagneri Censura contra Besold. A.V.6.
Walæus, A.III.4. A.VII.III.2.

Weigeliani

Weigeliani, A.ll.34. *eorum dogmata sunt pestilentissima*, ibid. *exemplum transfigurationis Satanæ in Angelum lucis*, A.I. 21. *Pietismi crassioris*, A.ll.25. A.VI.IV.2. *Enthusiasmi illusorij*, A. II. 25. *nonnunquam etiam Diabolici*, ibid.

Weigelius Valentin. *non liber à Fanatismo*, A.V.13. *rigidus Pietaster*, VI. Post. 15. *Pseudo-Mysticus*, A.V.14.

Weinmanni *Dissertat.1.Joh.I.* A.VI. Coroll.

Wellerus, A.III.6. A.V.8.

Wendrock, A.V.21.

Wesselus *de Potestat. Eccles.* A.IV.15.

Wigandus, lll.5.

Winckelmann. *in Apocal.* A.II.3 sqq.

Winckleri Prof. *ad Horbij Concion. Passion.* VI. Post. 12.

Wittenbergens. Theolog. Wiederholte/ gründliche/ unwiderlegliche Lehre von der H. Schrifft/ 2c. A.III.11. *Antapolog.* A. VI.III.2.

Y.

Ὑουχαςὴ *qui?* VI.Pr. S.IV.4. *exemplum Enthusiasmi illusorij*, A. II. 19. d'Yvon Petrus, *de Prædestin.* A.VI. III.2. *Labadista*, VI.Post.11.14. & *Donatista*. ibib.

Z.

Zabarella, A.IV.20.

Zacchiæ Paul. *Quæst. Medico-Legal.* V.14. A.I. App.2. A.V.13.

Zanchius *de tribus Elohim*, A.III.6.

Zelus *necessaria moderatione animi, & prudentia destitutus, sæpe causa lapsuum in Ecclesia*, II.11. *& multorum errorum*, ibid.

Zeno, VII.13.

Zonaras *in Annal.* A.I.20. A.II.21.

Zvinglius, A. I. 21. *ejus somnium de Angelo monitore in Controversia Sacramentaria*, ibid. & A.II.25. *ceu subsidium aliquod Enthusiasticum est rejiciendum*, ibidem.

FINIS.

Τῷ Θεῷ μόνῳ δόξα.

www.ingramcontent.com/pod-product-compliance
Lightning Source LLC
LaVergne TN
LVHW050649090426
835512LV00007B/1118